適性教學模式對兒童書法教育推廣之研究

——以沈耽書、真味書屋為例

張玫苑 撰文

天空數位圖書出版

序

　　漢字書法發展上下四千年，昔倉頡初作文字，依類象形，圖鳥跡、查地理，自此隨時代更迭，演進至今，真、草、篆、隸、行書各體完備。復以漢字書寫工具，「文房四寶」性特殊，筆軟、肚圓、毫尖，紙色白、石硯磨墨黑，漢文字以線條為骨，隨書者情性遂又書意紛呈，構成舉世獨見之漢文字書法藝術。

　　楊雄稱「書，心畫也」，故有字如其人之說，元代趙孟頫以事二朝，貴為要臣，雖功力精到，人譏妍媚纖柔，乏大節不奪之氣，趙文敏前有唐代顏真卿，忠義氣節蓋世，人評顏書如荊軻按劍，金剛嗔目，力士揮拳。書藝可以怡情養性，學子透過老師指導，習練由執筆到點畫運作，循序而進，二至三年得書法要領，中規中矩，書成好字，雖少年習書，多見性情穩定之趨勢；字有揖讓，從中漸悟人際禮讓。《禮記》曰：「德成而上，藝成而下」。興藝樂學，藉以養德，禮記早有典訓。

　　致苾女史中文科班，醉心翰墨。課餘從師陳其銓六、七年，陳師故去雖二十載，猶筆耕不輟。真、草、篆、隸、行諸體皆擅，出入晉唐，上及智永、懷素、漢隸、三代吉金，書詣風格自高；書理探賾，先後以《金農書法研究》、《唐代墓誌書法研究》取得碩博士學位。今復以女書家沈耿香主持之《真味書屋》就兒童適性教學特色專論研究，再再顯示致苾女史書學研究之深切，爰樂忝綴數言。

中華弘道書學會名譽理事長　張月華 2023 年 08 月 04 日

謝誌

　　我和沈耿香老師同屬一個師門與書會，她比我早入會，算是前輩！她的書法造詣很高、五體皆備，是我學習的典範。沈耿香為人爽直、待人謙和、急公好義，深受大家的喜愛與尊敬。

　　沈老師從國小輔導主任提前退休後，在斗六市開辦了「真味書屋」才藝教室作為推動兒童書法的教育基地，多年來成效顯著。凡經耿香老師調教培訓的學員，參加書法比賽，無不名列前茅。

　　某年，我們跟隨中華弘道書學會赴廣東韓山師院「陳其銓書道館」研習班去教學。途中問及她可否將「真味書屋」學員的學習成效與她指導的經過撰寫成書，探討如何作為一名稱職的書法教師？沈老師慨然允諾，並將一切傾囊相授。

　　這幾年隨著新冠狀肺炎的疫情肆虐，我的撰寫計畫也一度中斷，後經重整，反覆修改後，終於要出版了。書成，特別感謝沈耿香老師給我的標竿案例以及撰述機會，透過她的課綱與教學環節，讓我有機會去深入研究。

　　過程中，還要感謝國立臺中科技大學應用中文系教授廖藤葉、系主任何寶籃的指導協助，中華弘道書學會名譽理事長張月華老師惠賜書序；夫婿許世機先生的數位協助，在此一併感謝！

張致苾謹於 2023 年 8 月 31 日

目錄

圖次

表次

第一章
緒論

　　書法是華夏民族特有傳統藝術、文化瑰寶，先秦儒家「六藝」——禮、樂、射、御、書、數之教，書法即在其中。由於時代在進步，文人書齋已少見「文房四寶」，取而代之的是電腦、印表機等科技產物，許多人多半不能欣賞書法這項國粹藝術。然而數位年代的今天，視覺占據感官之首的重要地位，圖像閱讀成為吸收知識的直接媒介；各國政府也紛紛鼓勵年輕人從事文創產業，因此如何將書法結合創作帶入職場，成為事業發展的利器，當前提倡書法教育有它的時代意義。而本篇即是在此背景下，以書法教育為中心，如何向下扎根之施教方法、策略及人物為主題內容的一篇論述！

第一節　研究目的與動機

　　教育為百年樹人的大業，自古即受華夏民族祖先之重視。儒家經典《禮記》：「古之王者建國君民，教學為先。」[1]又「教也者，長善而救其失者也。」[2]東漢《說文解字》解釋「教」乃「上所施，下所效也。」[3]教育的目的在引導學習，「教」與「學」為課堂活動的核心，也是雙向回饋的歷程，蔡進雄說：「教學是教師透過適當的教學方法，將學生所缺乏的知識、情意及技能等相關內容，有計畫、有目的、有組織地傳授給學生之互動歷程，其目的在於協助學生學習。」[4]林

---

[1] 東漢・鄭玄註，《禮記・學記》，十三經注疏，（臺北：東昇出版事業），頁 648。

[2] 東漢・鄭玄註，《禮記・學記》，頁 653。

[3] 東漢・許慎著、清・段玉裁註，《說文解字》，（臺北：南嶽出版社，1978年版），頁 128。

[4] 蔡進雄，（2008）〈教學的意義及相關概念〉，網路資源〈cfd.ntunhs.edu.tw › ezfiles › img 查詢日期：2020/3/20〉。

進材也說:「教學是藝術,透過追求知識途徑,融合感性與理解,化不可能為可能。」[5]學者之見,「教」與「學」既是科學,也是藝術,施教者如何兼顧知識、技術與情意,以「人」為本位、學習者為前提,依據學習原理,運用適當方法,引導並鼓勵學生自發性地學習,最終達成所學成效,是「百年樹人」教育大業所追求的目標。

張淑娟說:教育並不是只有升學率,或學校上課等這樣狹隘的意義。她認為:教育這名詞只在人類社會中才有,因為人具有可教性,使得人能將其經驗、語言、文化不斷傳遞、延續、更新,人類藉由教育活動,使個人和人類能持續發展,社會文化也就能永續傳遞。[6]可知升學主義不是教育的真諦,教育要能啟發個人的潛能,提供自我實現的機會,並使人類的經驗得以延續與創新,文化資產得以保留,這才是教育的真正含義。

談到書法教育,書法為我漢民族特有的文化藝術與國粹——書法具有實用的、藝術的,以及道德修養等多重內涵的意蘊。技術上以毛筆為工具、方塊字為載體、詩文為寄意,運用指腕使轉、提按所展現的線形藝術;並透過教育增強與內化,啟發人性自覺,提升審美意識,達到陶冶性情、淨化心靈的功效。然而近年來隨著全球資訊化時代來臨,臺灣的書法教育因為實用功能減弱,面臨了前所未有的發展困境。

---

[5] 林進材,《教學理論與方法》,(臺北市:五南圖書出版公司,1999 年版),頁 18~19。
[6] 張淑娟,《圖解教育學》,(臺北:城邦,易博士文化,2006 年版),21頁。

雖然書法在人際溝通的功能弱化，但其意象、墨趣以及線條
的律動極富民族特色，仍符合華人社會的審美要求，在文化
傳承上具有重要意義，值得國人關注。

　　一般說來，書法易入而難工，必須學習得法不斷練習，
始能竟功。陳維德教授在《國民小學寫字教材》中提及：「它
不僅講求運筆技巧，也追求用筆、用墨的情趣變化以及字體
造形的安排和通篇佈局的和諧。」[7]因此，書法學習欲在短時
間內獲得成效，確非容易。對於正在成長階段、活潑好動的
國小學童來說，要求他能靜下心來寫字，或參與競賽，培養
一技之長，尤其困難。傳統的書教中，除了描紅之外，是否
還能有更佳的學習策略？在初級階段的學童則需要有耐心引
導技巧，教學有方法的教師來啟發，本篇即以臺灣中部地區
的一位國小退休老師沈耿香為對象，研究她如何透過「班級
經營」、「課綱設計」、「教材教法」等，達成培育一代又一代
的後起之秀，讓年輕書家擁有一份可以帶得走的生活技能。
使推動兒童書法教育，成為她一心所繫的人生志業！

第二節　研究背景——臺灣書法教育概況

　　以沈耿香的兒童書法教育推動成效作為研究的議題，乃
有感於臺灣現在的國中小學校園書法教育不彰，從而凸顯沈
老師的志業可貴！臺灣的書法教育情況如何？試作以下探
討。

---

[7] 陳維德，《國民小學寫字教材》，（臺北：康軒出版社，1994 年），序言。

一、國民小學書法課程歷史沿革

　　根據李秀華、楊勢年研究：臺灣書法教育從日據時代以來，在教育養成上屬於藝能科，1919 年教育令公布後歸屬於國語科，而後又從國語科獨立出來，和音樂、國畫等合為藝能科，稱為「書道」。藝能書道課程時數雖然不多，但在學校當局的重視與鼓勵下，學生成績斐然，此為日治時代的臺灣書法教育。

　　光復後，書法仍列為學校課程，小學有獨立的寫字課。後來受到聯考制度影響，書法教學附屬在國語科中，卻也因為師資和時數不足，書法教育並未真正落實。直到民國五十七年國民政府實施九年國民義務教育，並於六十四年公布「國民小學課程標準」，明訂「國小自三年級起寫字課中實施毛筆教學，包含毛筆與硬筆訓練，每週共計 40 分鐘，並與國語科之聽、說、讀、寫四項混合教學。」書法教育才算正式內含在國語科的教學。然而這國語科中混合了四項教學的模糊定位，使得國民小學的書法教育並沒有多大的起色。[8]

　　林麗娥指出，民國七十九年由中華民國書法教育學會舉辦的「全國書法教育會議」，首度呼籲政府在國民小學課程中將書法獨立設科，並延聘專家授課，一時成為民間團體對書法教育改革的重要指標。[9]教育當局因此於民國八十二年重新修定「國民小學課程標準」，設定教學總目標，其中第七條規

8　李秀華、楊勢年，〈臺灣書法基礎教育現況之調查研究〉，《高雄師大學報》2008，25，1-24。

9　林麗娥，〈臺灣各級學校書法教育之現況與評估〉，《行政院國家科學委員會研究計畫成果報告》，NSC88-2411-H-004-012。

定:「具有正確的寫字方法,良好的寫字習慣,並能欣賞碑帖。」
此較之民國六十四年所頒布的課程標準,融入更多的美育觀
念,算是學習書法技能之外,同時向欣賞教學跨出一步!

　　臺灣自實施九年國民義務教育,迄今更邁向十二年國民
教育改革推動,展現了多元學習的競爭優勢。國家未來的主
人翁在此政策下,升學壓力看似減輕,但在社會主流價值仍
存在傳統士大夫的觀念下,學校當局對於課業仍無法完全鬆
綁,美育在各級校園依舊不易展開。斗六市公誠國小校長李
政勳即說:

> 在科技影響下,文字載體從紙張轉變為螢幕,書法從
> 工具性意義已經走向審美,加上歷年來的課程改革「寫
> 字教學」中「書道」、「書藝」聊備一格,書法教育在
> 國小教學現場目前多需靠有心人士投身於紮根的工
> 作,才能維持這文化傳統的傳承。[10]

作為一校之長,這是最了解校園教育運作的肺腑之言。雖然
教育改革者主張學童應該自主學習、快樂成長,然而真正能
落實的家長並不多見,學童課後也只能投身補習班,讓自己
有機會進入明星國中、高中,將來才能升上好的國立大學。

　　二十一世紀隨著資訊時代的高度發展,加速各種知識傳
播,書法因此更受到衝擊。不僅教育師資培育採多元化,不
再要求師培生像過去師範專科年代能寫能畫;現在學童在校

---

[10] 真味書屋,《沈耿香師生書法展作品專輯》,(斗六:真味書屋出版,
2021 年四月),校長序。

園裡什麼都要學：本土語言、外國語言、電腦操作等，更加重在有限的時數上排課困難，於是藝術學門更受到忽略！2014年臺灣「全國學生美展」書法類的主審委員陳維德教授就說：

> 在正規的教育體制中，由於課程間的相互排擠，使這門看似對升學乃至於未來就業少有直接助益的學科遭受冷落，且極少有人關注，導致當年各級學校學習書法的盛況，今非昔比。[11]

由此可見，臺灣體制內的校園書法教育風氣沒落，其來有自！只是令筆者不解的是，鄉土語言為一種母語教育，可依學生的家庭背景不同而留待家裡使用。「全語境」的母語學習豈不更容易學習，不需要特別去安排。反道書法既是語文教育——識字、認字的一環，也是藝術欣賞的美育內涵，如何將國字寫得好看一點，可以伴隨終身受用，以致獲得他人的肯定，豈不更為重要。古人說：書如其人，字如其人，書法可以作為一種品德教育。當一個人能夠靜下心來寫字，必能達成修身養性的功效，而品行一旦端正，個性也就溫和了，可以減少暴戾之氣，有利社會安定。當然書法教育不是愈早學習愈好，在國小低年級階段的學童，小肌肉還沒發育完全，並不適宜太早拿筆。因此，前述民國六十四年教育部「國民小學課程標準」訂定：國小自三年級起寫字課中實施毛筆教學，理由或許在此！

---

[11] 吳望如，《全國學生美術比賽探源》，（臺北：國立臺灣藝術教育館，2017年11月），頁246。

二、他山之石的日本書法教育

臺灣的書法教育一直以來不能落實，而在大環境無法形成氣候。反觀同樣受「漢字文化圈」影響的鄰近日本、韓國，他們的書法教育則較臺灣蓬勃，尤其是日本，受到該國人民上下之重視。根據日本歷史記載，日本自第七世紀西元 630年大化革新後到 665 年間，日本為吸取中國漢唐文化，前後有五次派遣遣唐使來華。由於遣唐使學養高，留唐回國後，對日本文化之推動與制度之建立產生卓越貢獻，使日本在當時的國際地位大幅提昇，其中以吉備真備最為知名。吉備留唐十五年，遍覽群經史籍、研究刑名法術之學以及音律、書道等藝術，並攜回禮制，使日本的朝儀更加完善。[12]因此，書法在日本的歷史可以追溯自唐朝。遣唐使帶回佛經之後，日本僧侶和佛教徒用毛筆抄錄經書，中國書法隨之在日本展開；後來到了江戶時代，德川幕府獎勵儒學，「唐風」再度盛行，「書道」也就產生在這時，成為日本傳統文化的代表。[13]

日本自引進漢唐文化以來，書道一直是該國的雅文化，一種社會價值觀的體現。日本書法史上先有「假名書法」，至清末書法家楊守敬出使日本，帶去兩百塊北魏碑版，促使日本書道走向魏碑書風，楊守敬甚至被尊奉為「日本現代書道化之父」；現代日本則流行少字數書法及墨象書法，書法在日本歷史上始終沒有中斷過。千百年來，書法早已成為日本文化表徵，議員每到國會開會報到時，依規定要用毛筆簽名；

---

[12] 李永熾，《日本史》，（臺北：水牛出版社，2007 年），頁 41~42。
[13] 「知乎」〈手持毛筆考大學——日本有哪些大學設立了「書法」專業？〉https://zhuanlan.zhihu.com/p/50212862，檢索時間：2023/06/25。

日本最大的一家報紙——朝日新聞，1888 年創刊當時便是集歐陽詢楷書組成「朝日新聞」作為刊名，直到現在都是該報的主視覺；NHK 電視台節目的片頭文字、街道商標、餐廳菜單也多用毛筆書寫，所到之處散發著雅文化的氛圍，可見「書道」在日本受重視之程度。

再看日本國內有 26 所大學設有書道課，其中不乏知名的大學：新潟大學、筑波大學、靜岡大學等；師範生培植的教育大學，如京都教育大學、奈良教育大學、大阪教育大學、福岡教育大學；以及技術大學，如東京學藝大學，都設有書法專門科系，書道課是日本校園循序漸進不中斷學習的一門通識課，在書教普及和向下紮根方面，日本的經驗值得我們借鑒。

回頭看看今天的中國大陸，不也積極恢復上個世紀五十年代「文化大革命」所造成的錯誤，而重新提倡書法、國畫。反觀自稱「中華文化在臺灣」的我們，若在教育政策上忽略了書法這項國粹，豈不貽笑對岸同胞！

三、臺灣地區書法賽事的書風流變

近年臺灣地區的藝文賽事，無論公辦或民營，多能如火如荼在各地展開。例如全國學生美術比賽、語文競賽內含書法比賽，是由地方政府來辦理；另有宗教團體為秉持闡揚優良文化、淨化社會的信念，每年舉辦書法比賽以嘉惠學子，對提振書法教育有著一定的推動力量。至於民間宮廟所舉辦的書法比賽，常見的有中部地區紫雲禪寺的「中原盃」、清水紫雲巖的「觀音盃」、烏日善光寺的「觀音盃」、南投魚池慈

光山僧團的「慈光山人文獎」、豐原慈龍寺的「慈龍盃」、大坑聖壽宮的「聖壽盃」。此外，也有為紀念某人而舉行的「孟庸書藝獎」等，這些都發揮實質效益與貢獻。

　　若要分析以上這些賽事得獎的書法作品，臺灣地區的書寫風貌與流行趨勢，隨社會變遷也幾經轉折。學者吳望如說：

> 從學生美展專輯與得獎作品風格分析，書法作品風格有其發展脈絡，民國 40 年至 60 年度，多寫柳公權體；約在民國 50 年代顏真卿風格崛起，民國 65 年競賽的書法作品不是柳體即顏體；民國 70 年後，歐陽詢與褚逐良書體開始興起，加上施春茂等人成立「中華民國兒童書法教育學會」，該會以推展歐體為主，一時之間歐體逐漸取代了顏、柳，民國 75 年後，歐體得獎的次數因此大為增加；再到 80~90 年度，智永書體流行，與歐體並駕齊驅，90 年代後，因為電腦功能強大，運用電腦軟體教授書法成為趨勢，加上電腦字體變化豐富，因此魏碑、瘦金體也紛紛出現，書法的風格變得五花八門。[14]

曾經擔任第 54~60 屆（民國 89~95 年）「省展」主辦單位——省府文教組科長的許正宗分析省展書風流變時，說：

> 篆書比例低於 10%…；隸書的平均比例為 22%；…楷書屬入門書種，…省展中前期的第 27~42 屆（民 61~76）

---

[14] 吳望如，《全國學生美術比賽探源》，（臺北：國立臺灣藝術教育館，2017 年版），頁 246。

是楷書的全盛期；…比例超過 40%，第 41 屆更到達顛峰，69 件優勝作品中楷書即佔了 40 件，比例幾達六成。…隨著書法藝術性格的揚升，…行草書風繼起，在第 45 屆（民 79）時取代了楷書的首席地位。此後楷書急遽式微，第 51 屆（民 85）再被隸書超越落居第三；第 56 屆（民 91）連最少修習的篆書也超越了楷書，在省展書法部中敬陪末座。[15]

許正宗持續分析歷年省展以楷書參賽者的個別風貌，以褚遂良、顏真卿、歐陽詢三家、《張玄墓志》、《張猛龍碑》兩碑較多，此流風乃與臺灣的政情變化有關。從生聚教訓動員戡亂的二十世紀七十年代，所有的藝文活動也必須符合政治方針，流行雄渾博大的顏楷體式；後來因為法度森嚴的楷書不易自運或揮灑空間不足，才沒有臨帖比賽出現的端楷，而是逐漸由其他書體所取代！基於上述，書法賽事的參賽者若能事先嗅出這樣的流風及早因應的話，必能成為賽場上的佼佼者！

根據筆者觀察，近年來臺灣書法教育的人口與寫字風氣，似乎有逐漸提升現象，其原因除了受臺灣經濟起飛、國人較以往生活富裕，開始有餘力追求個人興趣。各縣市政府積極辦理各項美展、國語文競賽等。校方為了考績爭取榮譽，使書法在中小學校逐漸被看見。而民間的藝文社團紛紛成立，書會舉辦會員聯展，增加不少切磋與展示的機會。

待到 21 世紀以後，臺灣走向高齡化社會，退休潮來襲，年長者為了排遣時間，也多選擇書法作為休閒活動參與。再

---

[15] 許正宗，《台灣省展書法風格四十年流變》，（臺北：文津出版社，2009 年版），第二節「省展書體風格流變」，頁 71~85。

就現代城市發展的居住環境需要雅化，書法元素也獲得裝置藝術家的青睞，董陽孜女士的行草書大器磅薄，作品解構再建構的空間設計，頗受世人歡迎。

總之，我們看見書法教育在臺灣有復甦的跡象，學習者若能找到正確的習字方法，相信只要持之以恆，必能成就個人的書法造詣！

第三節　研究方法與預期成果

一、研究方法

本篇撰述過程中，筆者運用歷史研究法、文獻分析法、訪查觀課法等進行研究，並以量化分析法呈現沈耿香「真味書屋」對書法教育的推動成效。

（一）歷史研究法

歷史研究是一種事後回溯文件的研究方法。本篇在以沈耿香過往比賽或參展的書跡、集結的作品，以及為了推動兒童書法教育所涉及的書法理論、各種自編或他編教材；並從指導過的學生作品中進行考察，研究沈耿香作為一位地方書法教育推手的影響與貢獻。

（二）文獻分析法

從心理學及教育理論中尋求沈耿香教學策略的運用方法，如：適性教學、個別化指導、輔導老師制度、協同教學、班級經營、補救教學等。再從其「目標導向學習」系統中，

針對書史上的書家、名帖進行分析，使筆法、結構、章法、款識等特性，一一呈現，給學員依循的典範內容。

（三）訪查觀課法

為了真實掌握訊息的正確性，筆者撰述前曾對「真味書屋」進行實地訪查及觀課，採訪對象包括：教師、學員及家長。並將訪談所得，作一紀錄、歸納與分析，以呈現沈耿香對班級經營的特色。

（四）量化分析法

量化分析研究是一種透過統計方式進行的數據分析。由於沈耿香「真味書屋」的學員每年參與各項競賽得獎無數，成績斐然，用量化分析足以驗證歷年得獎獎項的頻率、年齡分布以及偏好書體等情況，從而了解近年臺灣書壇的比賽趨勢。

二、預期成果

對於書法愛好者來說，書藝成就有賴於個人的努力與精進；賽事得名固然榮耀一身，畢竟屬於「獨善其身」階段，不如「兼善天下」對社會大眾的貢獻來得更大。沈耿香老師不僅書藝超群，職場退休後願意將個人成就用於培植年輕後輩、推展兒童書法教育，由所指導的學生參賽得獎成果可以證明，沈老師的教學績效令人刮目。其教學策略如何開展？教材教法又如何編撰？藉由本文討論，筆者希望能提供書法愛好者一個詳細的參考。

26╱ 適性教學模式對兒童書法教育推廣之研究——
以沈耿香「真味書屋」為例

第二章
文獻探討

　　沈耿香老師以「筆性初判」及「適性教學」模式推展其
兒童書法教育。「適性教學」的理論內涵細節如何？

　　首先，適性教學並非現代才有，中國古代孔子的「因材
施教」和西方古希臘蘇格拉底（Socrates）的「詢問法」都可
視為「適性教學」之先驅。現今則自二十世紀 60 年代教育心
理學興起，適性教學的研究方興未艾。相關學派有：性向處
理互動模式（Aptitude-Treatment Interaction odel, ATI）、布魯
姆（Bloom）的精熟學習（mastery learning），以及美國學習
心理學家卡羅（John B.Carroll）在 1963 年提出「學校學習模
式理論」，針對傳統「性向」觀點給予新的解說。雖然「性向」
一直被視為學習的潛能，會影響學習成敗，但卡羅不認為性
向是先天或無法改變的，反而主張「性向」是學習速率（rate）
的指標，而非學習成果（level）的指標。換言之，學習某一
學科的「性向」，可視為學習該科教材到達某一水準所須的「時
間量」。如果教師在教學上力求改進，使學生獲得充分的時間
並能有效的運用時間，大多數學生便能在此獲得他該有的成
就。

　　其次，舒淮《教育理論》一書提及[1]：適性教學（adaptive
education）意義，指在教學過程中，配合學習者的能力、興
趣以及需要，所作的因應與導引。這是教育機會均等的精神
延伸，以學生的個別差異因材施教，並以學習者為中心，強
調師生的互動。一般來說，適性教學還細分「補救式」與「補

---

[1] 舒淮，〈第四章教育原理與制度〉，《教育理論》，（臺北：千華數位文
化，2020 年版），頁 388。

償式」兩種，這是適應個別差異非常有效的方法。補償性教學方式（the compensatory approach）是在避開學生學習成效不彰下，用代替型式（如圖片或文字）、學習資源（如遊戲模擬）及活動（如小組討論或經驗取向的活動）來進行補充。另外，使用彈性表現（如影片、圖畫、實例）轉換為交替的教學模式（如自編教材、經驗導向習作），也可達成「適性教學」模式的學習成效。

再次，游自達、林素卿於 2014 年發表的〈整合學習共同體於差異化教學的改革〉一文中，說：因應學習者的個別差異進行教學調整，使每個學習者的潛能獲得最大的開展，乃是適性教育的核心理念。所謂「差異化」是老師針對同一班級之不同程度、學習需求、學習方式、學習興趣的學生所實施的教學方式。運用回應式的教學而非固定教法，老師可選擇將學習內容、學習過程、學習成果多元化，在師生間互相尊重狀態下，共同負擔學習的責任。因此「適性教學」是一種以學習者為中心，不同素質的學生回應方法也就有所不同，其本質即是在課堂上進行差異化教學。

又，黃國禎、蘇俊銘、陳年興《數位學習導論與實務》第九章上說：適性化學習的模式分為三大類——個人化的學習路徑、個人化的學習內容、以及個人化的呈現方式，此三項均強調「個人化」。由於現今網路普及，使得網頁的呈現方式也有很大的彈性，符合可重組元件的特性，提供個人化的網路學習路徑與導覽方式，使學習者的學習過程更有效率（Perkowitz, & Etzioni, 1997）。[2]由於黃國禎等人在主張「適

---

[2] 黃國禎、蘇俊銘、陳年興，《數位學習導論與實務》，（新北市：博碩文化股份有限公司，2015 年版），第九章。

性化學習模式」時，並不排除數位年代下因為遠距、網路、個性化為特質的自我導向學習，為了正確地提供學生適當的學習路徑，以完成學習任務，系統可透過（1）分析學生的測驗結果；（2）即時互動的問題檢測；（3）案例導向的輔助方式等，決定個人化的學習路徑。因此要達到「適性化」，就要考慮學生個人的能力（如：學習成就）、特質（如：學習風格）或學習狀態（例如：是否已經完成某些單元的學習），以及是否需要提供額外的引導訊息。早在 70 年代，就有學者認為學習風格在學習過程中扮演著重要的角色（O, Keefe, & Nadel, 1979）。學習風格使得個別化教學更具合理性基礎，有助於描述學生在教學情境中如何學習（Hunt, 1979）。學習風格不代表個人在某方面的能力；學習風格只是一種在大部分情境中具有一致的學習偏好方式，短時間之內不會因為學習情境的變化而隨之改變。學者除了提出各種學習風格分類模式外，也提出各種學習風格量表，來檢測學生的學習風格。欲達成「適性化學習」目標，影響所及，還包括個人化參數，如：學習意願、專注力及耐心程度等心理因素。

最後，前述多半就「適性教學」個人化學習所作的談論。然而更多時候，教師是可以採直接教學的策略：講述知識、示範技能與回答問題，來幫助學習者建構先備知識。因此，劉世雄在《素養導向的教學理論與實務》書中的主張，並不排斥傳統「講述法」一途，認為有它存在的必要。[3]由於以認知歷程言，學習理解是建立在新舊教材知識的對照比較上；而學生在面對學習內容必須透過教師「適當」地將教材的屬

---

[3] 劉世雄，《素養導向的教學理論與實務—教材分析、教學與評量設計》。（臺北市：五南出版社，2021 年版）。

性、細節、或概念加以連結，彌補或提取其生活經驗的不足，傳統「講述法」正可以引導學生進行思考。

　　綜合上述，沈耿香以布魯姆（Bloom）精熟學習（mastery learning）理論，以及卡羅（John B.Carroll）的學校學習模式理論——以「時間」為本位進行的「適性教學」模式，可協助學習者透過「筆性初判」，找出適合他們長時間所臨摹的字帖；之後透過背臨、意臨等方法，滾動式修正其學習成效不足之處，待累積到一定的「時間量」與「接觸率」後，書寫技巧自然達成純熟的目標。

第三章
沈耿香的書學與成就

　　沈耿香在臺灣書法界是少數以女性聞名的書法家。她曾
於斗六市公誠國小擔任輔導主任多年，教職退休後，在地方
上推展兒童書法教育，成績十分卓越。對於一位書法教育推
動有成者，其本身必然具備能寫、會教的要件，沈老師的學
書經歷如何？請看以下說明。

第一節　遍訪名家　轉益多師

　　沈耿香，字澄真，臺灣省雲林縣人，1953 年 12 月生。
省立嘉義師專、國立嘉義大學、嘉義大學國民教育研究所結
業。教職生涯經歷，先後有：台西國小教師、重光國小教導
主任，以公誠國小輔導主任退休。書壇曾擔任中國書法學會
監事、常務監事；中華弘道書學會理事、副理事長、常務理
事；臺灣心藝術推動學會監事；臺灣女書法家學會理事；雲
林縣書法協會常務監事、諮詢委員；雲林縣書法學會常務監
事；雲林縣濁水溪書畫學會理事、監事；幕陶書法學會理事、
監事；雲林縣清溪新文藝學會監事；臺灣文聯臺灣書法家協
會理事等職。又受聘為中華書畫印藝學會學術研究員、雲林
縣議長盃國語文競賽寫字組評審、法務部春季藝文書法比賽
評審、臺灣區國語文競賽縣代表隊寫字組指導老師、全國書
法分級檢定評審委員、全國學生美展嘉義縣書法比賽評審、
臺灣區書法種子教師研習講師、廣東省潮州市韓山師範學院
客座教授、廣東省普寧市中小學教師書法講座指導教授、廣
東省饒平縣中小學教師書法講座指導教授等榮譽。

　　年輕時，沈耿香多次參加書法比賽，獲獎紀錄無數，大
致列舉如下：1988 年雲林縣議長盃國語文競賽教師組書法第
一名；1991 年全國書法比賽特優；1994 年到 2003 年榮獲臺

灣省公教美展第三名、優選 2 次、佳作 4 次；2004 年榮獲「雲林之光」書法類得獎人；2006 年榮獲第三屆耕讀盃全國學生書法比賽十大傑出指導老師獎；2011 年榮獲國小兒童書法及兩岸青少年交流活動優良指導老師；2013 榮獲全國書法比賽優良指導老師獎等。沈老師參與的書法展不計其數，自 2000 年 8 月「鳳翔千禧書法展」，至 2014 年 3 月「兩岸書法交流展」─金門、廈門、潮州、汕頭，無論國內外或海峽兩岸，都有詳細紀錄，可參見附件，個人的書作則廣為各界典藏。此外，沈老師還積極參與各項揮毫活動，奉獻公益，服務精神，不遺餘力！

　　除了教學績優，沈耿香個人的研究著作也很豐富，出版有：2001 年《書法創意教學方案》；2005 年《王寵楷書研究與創作》、《園坊暢適沈耿香書法展專集》；2007 年《趙孟頫楷書集》；2008 年《趙之謙楷書集》；2009 年《心閑意適沈耿香書法展專輯》、《宋徽宗楷書集》；2010 年《趙之謙篆書集》、《趙之謙行書集》；2013 年《「一甲子飄香」沈耿香書法展專輯》；2014 年《北魏墓誌簡析與創作》、《趙孟頫赤壁賦》等書冊。從所列著作、專輯來看，沈耿香書學廣泛、興趣多元，畢生不斷學習各種書體，追隨名家吸取養分，方能鎔鑄自己個人的書風。

　　沈耿香追隨的名家與師承有哪些？她先後拜董洪賓、簡銘山、陳其銓、陳政見、蕭世瓊等先生，於篆、隸、楷、行、草、漢簡、帛書無不涉獵。啟蒙階段向董洪賓學習魏碑、唐楷；據她說：老先生教學特別重視筆法，嚴格要求弟子要準確傳達形神，以致奠定她觀帖能力以及純熟的筆法。之後，轉益多師，又向中部名家陳其銓教授請益，陳教授給她「一

帖藥方」，方子為寫字當效高古，要「上友古人」，於是沈耿
香楷書從臨習鍾元常、王雅宜、祝允明諸家入門，並跟從陳
其銓吸收隸法。晚近師事青壯派的名師則有簡銘山、蕭世瓊，
讓她獲得在行草書、金文、簡帛方面獲得滋養。[1]這些名家給
予的養分，待她融會貫通後，沈耿香的用筆呈現出大器渾融
的古樸氣象。

再談沈耿香有感於書法作品無論是章法、形式，都需契
合時代的審美風尚，於是要求自己積極參與比賽，無論公教
美展或全省美展，目的在與業內高手相互切磋，藉此吸取現
代藝術旨趣，這對她的書風形塑產生很大的助益。

第二節　多元書風　形式多變

沈耿香自述她並非從年輕就學時代便會寫字，而是在師
專畢業任職於國小輔導室主任時，基於「教學相長」念頭與
需要，1984 年開始全力投入學習。沈老師雖然謙稱自己起步
晚，但憑藉一股毅力與鍥而不捨的精神，參加各項全國書法
競賽，在「教師組」中常獲頭名，也因此加深自己對書法的
興趣與造詣。

沈老師在所指導的學生競賽中也不曾缺席，帶領學生參
與如：中原盃、金母盃、觀音盃、若水盃、傳書獎、全國比
賽…等屢獲佳績，成為公眾眼中的最佳指導老師。如今「沈
耿香」三個字早已聲名鵲起，成為家喻戶曉的名師，帶動雲
林縣的書法學習風潮、提升在地文化水準。

---

[1] 沈耿香，《一甲子飄香——沈耿香書法展專輯》，（斗六：平野創意文化
有限公司，2013 年版），頁 6。

　　沈耿香老師的書風如何？從 2014 年 1 月 25 日~2 月 25 日雲林縣北港鎮「笨港田園藝廊」展出的《一甲子飄香—沈耿香書法展專輯》得出觀察，筆者選錄幾幅作品，藉此欣賞並了解其書風樣貌。

圖 3-1：甲文斗方「乘舟追長虹，登車遊古林」60*60CM

圖 3-2：隸書斗方「山不在高，有仙則名，水不在深，有龍則靈，斯是陋室，惟吾德馨」60*60CM。

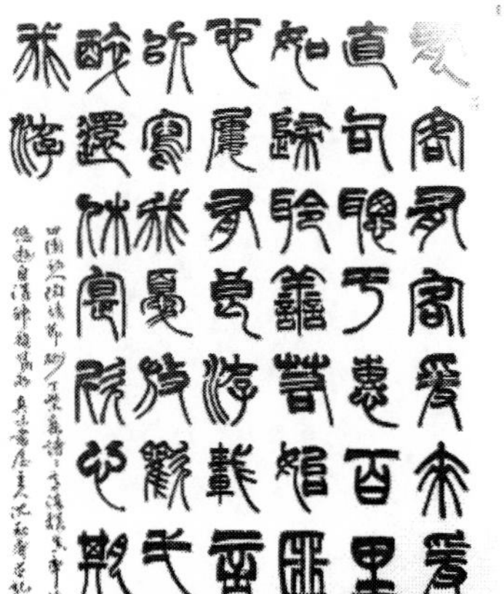

圖 3-3：篆書中堂《陶靖節酬丁柴桑詩》90*180CM。

圖 3-4：魏碑條幅《瓊臺霄漢七字聯》35*140CM。

圖 3-5：帛書對聯《海南島東坡書
院楹聯》45*180CM*2

圖 3-6：楷書中堂〈滿江紅〉局部
35*140CM

（右）圖 3-7：
行草斗方《字敘帖句》:「醉來信守
兩三行，醒後卻書書不得」
60*60CM

（左）圖 3-8：行草《後赤壁賦句》
截句:「江流有聲」17.5*140CM

圖 3-9：行書《後赤壁賦句》、金文《論語句》、草書《禮運大同篇句》、隸書《盧綸晚次鄂州詩句》四條幅，17.5*140CM*4

圖 3-10：篆書「雲翔」。行書「雲遊」。隸書「雲龍」17*35CM

圖 3-11：篆書「得意忘象」，30*68CM

　　俗話說：字如其人。意思是一個人寫的字能反映出他的習慣、性格、品行等，見字如見人。用來形容沈耿香的書風，顯得格外貼切！上面選錄的幾幅書作，為沈老師那次個展六十五件作品中之局部，僅就這幾件，足以窺見其書風多元，形式琳瑯滿目，讓人目不暇給；又筆力之厚重，給人大器磅礴的感受，充分體現毛筆書寫之律動、美感與趣味。

沈耿香作品書寫的內容，從詩文長篇到「少字數」名言佳句都有；前者在傳統的基礎訓練上展現其功力；後者則是從創作的角度上結合現代書藝，將漢字元素拼貼、重組，產生視覺的變化。沈耿香說：

> 挑戰多種書體融合於作品中，「一幅一故事、一字一劇情」，像戲劇般的呈現…但少字數創作是個人破冰的嘗試，期冀「同中求異，異中求同」，多元融合，共存共榮中，使書法創作在傳統技法、結構、線條、墨色的變化中，溶入文學、戲劇、舞蹈、繪畫等元素，賦予作品生命力。[2]

中國旅法知名的書法美學理論家熊秉明說：

> 從純粹造型的角度，將書法分成「理性派」和「感性派」兩種，前者著眼於書法的結構秩序，偏重靜態如建築結構的規律；後者則著眼於書法的氣勢變化，偏重動態的音樂性之美。[3]

沈耿香在〈一甲子飄香展出心話〉中表達，她希望在「同中求異，異中求同」中走出一條多元融合的現代書法，而這種創作觀表現在作品裡，筆畫線條呈現奔放流暢的動感；字形結構外拓大器；章法自然呼應而色彩豐富。對照熊秉明先生的觀點，感性派書法主要表現在創作時線條的速度與酣暢；

---

[2] 沈耿香，〈一甲子飄香展出心語〉《中華弘道書學會刊》，2014 年，第一期，頁 35。

[3] 熊秉明，《中國書法理論體系》，（臺北：谷風出版社，1987 年版），頁26。

其次是筆畫在紙面上營造成的各種效果。[4]這些都能解釋沈耿香感性抒情的寫意書風。

唐代懷素說過「心手相師勢轉奇，詭形怪狀翻合宜。」[5]寫字當下，心手相應、相互牽引、線條交替、上下輝映，乍看沒有具體形質，待作品完成那刻，才知有不可言喻的妙境。試觀沈耿香的作品，以現代書藝創作理念的行、草書體勢居多，行氣連綿、字勢磅礴，筆畫變化多端又能不拘泥傳統，飛白、斷裂的拙趣，以及墨法的濃、淡、乾、濕、黑「五色」變化，足以說明創作當下的感性線條與書藝。試看作品（圖3-10），以「雲」字為主軸，運用篆、隸、草三種不同的書體呈現出大自然的千變萬化，再搭配深色宣紙，表達「雲」的多彩繽紛，並在章法上表現不規則的留白布局，營造出寬敞空間的視覺效果。作品（圖2-11）以長鋒羊毫採篆、隸合參方式書寫「得意忘象」，並融入現代藝術的創意，將畫面分割裝裱，於單純的墨線中自然增添畫意以及鏡照的趣味。[6]綜合這些技法，我們將沈耿香的書風歸結於「感性派」，應屬合情合理！

總之，書風雄強、大器磅薄，筆跡多丈夫氣，這在以男性書家為主流的臺灣書法界中，沈耿香確實能佔有一席之位！

---

4 同上，頁30。
5 懷素，《自敘帖》，引戴叔倫「絕句」。
6 沈耿香，〈一甲子飄香展出心語〉，《中華弘道書學會刊》，2014年，第一期，頁38。

42／ 適性教學模式對兒童書法教育推廣之研究——
以沈耿香「真味書屋」為例

第四章 「真味書屋」為書教推展之基地

教育理論上說，傑出教師的人格特質在於「目的性」（intentionality），有目的性的老師往往能思考學員想要學習甚麼！教學多樣化（instructional variation）也是教學成功的要件之一。而教學的多樣化，則須先明辨班級活動的類型，以明瞭其內涵，然後加以安排。[1]如何評判把班級「帶」好的標準有二：一、課堂氣氛和諧並井然有序；二、學生認真學習而有所成就。前者屬於秩序管理，後者則是教學任務，兩項工作相互影響，密不可分！

「真味書屋」為沈耿香推動書法教育、栽培年輕學子的才藝教室，在這裡學習的成員興致高昂、動機強烈。學生除了有國小學童，目前更有國中、高中、大學、研究所以及社會人士。筆者曾親赴教室觀課，「真味書屋」的學員上課自律性高，一到課堂，再小的幼童也不致於大聲喧譁，男男女女只有安靜地臨帖、專注地習字而已，每寫完一頁，便依序拿給老師批改，教室裡的秩序有條不紊。沈耿香老師對班級經營的獨到之處，究竟如何辦到？且看以下說明。

第一節　晉級式課程設計

自二十世紀 70 年代，學校教育開始重視教室裡的人際互動，以學生為主體，採取社會學觀點，視班級為微型的社會體系，認為課堂是老師和學生「教」與「學」的共同場域。林進材教授分析，一項成功的教學，當從「動態」和「靜態」

---

[1] 單文經，〈教學活動的組織與管理〉，《班級經營－理念與策略》，（臺北：師大書苑，1993 年版），頁 75。

兩方面觀察，前者指出「人」的因素，是施教者與受教者彼此的互動；後者指出「物」的因素，是教學目標、教材使用、課程設計、教學方法、環境設備的運用。[2]理想的「班級經營」，必須同時含概這兩種。

由於國小為一切教育的基礎，根基穩固了，才能促進日後成長。因此，學者主張「全人教育」，旨在培植學習者「五育」並進的優良品格。而書法是一門藝術，不僅能涵詠心性，同時培養技能，屬於「美育」一環。沈耿香對「真味書屋」建立了一套「小老師」制度，藉由協力合作、個別教學方法，以晉級式課程鼓勵學童不斷精進，達成知、情、意、行的多元教育目標。所謂「晉級式」課程的實施細節，是：凡能寫出並精熟兩種以上的書體，或者曾參加全國性書法比賽現場決賽，成績屢獲前 5 名的學員，即能在課堂上針對初階的小朋友，進行「一對一」書法的個別輔導。這是一種榮譽，小朋友們無不躍躍欲試，努力寫字，以爭取當小老師的資格。

筆者在一次觀課中，看到「真味書屋」寫得不錯的小男生站在另一位更小的小朋友身旁，側著頭，認真地執行輔導的任務。只見這個男孩神情愉悅，眼中閃爍著自信的光芒，十分得意！

在「真味書屋」的「教」「學」活動當中，除了耿香老師一人，還有兩位成年的年輕助教從旁協助批改。沈耿香老師對這些能夠擔任助教的資格，訂有明確規範，「晉級式課程設計」如下：

---

[2] 林進材，《教學理論與方法》，（臺北市：五南圖書出版公司，1999 版），頁 10。

（一）初級課程重點與能力指標

課程重點	能力指標
● 書法性向初判 1.文房四寶的認識與使用。	1.能瞭解文房四寶的名稱和正確的使用方法。
2.正確的執筆方法和書寫姿勢。	2.能在書寫時能保持正確的執筆方法和書寫姿勢。
3.永字八法的介紹與示範。	3.能熟練入門法帖的基本筆法。
4.臨帖秘笈介紹。	4.能正確的臨寫字帖。
5.適性法帖個別教學：簡易國字〈六畫以內〉示範與結構解說。	5.能書寫並精熟字帖六畫以內的簡易字，如：一、人、力、十、山、日、月、生、用、自……

（二）中級課程重點與能力指標

課程重點	能力指標
1.適性法帖個別教學。 六畫以上帖寫字之示範與結構解說。	1.能細心讀帖、分析字的結構。
2.初級課程評量與補救教學。	2.能用心臨帖並精熟字帖六畫以上的帖寫字。
3.習寫作品。	3.能完成 4K 的簡易字作品。

（三）中高級課程重點與能力指標

課程重點	能力指標
1.適性法帖個別教學。 帖寫字、異體字示範與結構解說	1.能辨識帖寫字與異體字之變化。
2.作品書寫的基本格式。 如：單字、行氣、行間、字距、佈局、款式、鈐印等法度要點。	2.能依作品格式書寫一幅作品，留意用筆、結字與章法佈局。
3.書法與生活：吉祥語、春聯習寫。	3.會活用字帖的字，並能將所學的書法知識、技能呈現日常生活中。

（四）高級課程重點與能力指標

課程重點	能力指標
1.適性法帖個別教學及楷書結構原則介紹：長短、疏密、輕重、參差、重心、向背…。	1.能將所學得的技法、結字能力在創作時靈活運用。
2.應用課程教學與闖關評量…以七言絕句為例。	2.能在 60 分鐘內獨立完成 4K28 字的條幅作品。
3.書法作品形式介紹。	3.能辨識書法作品的表現形式：條幅、中堂、對聯、橫披、連屏、冊頁、扇面…等。

| 4.作品觀摩與欣賞指導。
戶外教學：參加全國性書法比賽、參觀書法展、春聯揮毫…。 | 4.能懂得書法欣賞和參賽時，從用筆、結構和章法三要素入手。 |

（五）師資培訓類別與能力指標

師資類別	課程能力指標
1.見習老師 ↓	1-1 能精熟入門字體，並觀摩助教老師教學。 1-2 參加全國性書法比賽現場決賽成績屢獲優選以上。
2.實習老師 ↓	2-1 能精熟 2 種以上字體。 2-2 參加全國性書法比賽現場決賽成績屢獲前 5 名。 2-3 能針對初級生的基本筆法課程實施一對一個別指導。
3.助　　教 ↓	3-1 能精熟 3 種以上字體。 3-2 參加全國性書法比賽現場決賽成績屢獲前 3 名。 3-3 能針對學習緩慢學生一對一個別化補救教學。
4.講　　師	4-1 能通過『見習師→實習師→助教』三階段培訓績優。

	4-2 能精熟多種字體，精進創新。
	4-3 具備編寫教材、班級經營、備課、親師溝通…等教學能力。
	4-4 進修充實自我：參加與書藝有關之研習、講座、展覽等活動。

（資料來源：「真味書屋」提供）

　　為了激勵學員書法學習的動力，沈老師於課綱採「晉級式課程設計」，依年齡、書齡、書寫能力、文化素養等不同的因素考量，規劃了初級、中級、中高級、高級四個階段的課程標準，並且增加師資培訓規劃，使學習者在逐步晉級後，能夠以擔任「見習老師」、「實習老師」、「助教」或「講師」為榮，激發其學習性向與個別潛能。

　　「真味書屋」自成立以來栽培不少的年輕書家，除了學習過程中勤於參加書法競賽，爭取殊榮之外，學童日後的升學階段，無論是進入美術班或者一般學制的班級，都能找到符合自己性向與興趣的前行目標，成為一方不可多得的書法人才。

圖 4-1-1：助教協同批改作業

圖 4-1-2：實習小老師指導初學者

第二節　班級經營策略運用

一、建立檔案簿　追蹤日課進程

為了追蹤學員的學習情形以及診斷學習成效,「真味書屋」落實檔案記錄,以備不時之需。

在適性教學前提下,每位學員都備有兩本「日課簿」(圖4-2-1)、(圖4-2-2)、(圖4-2-3)、(圖4-2-4),一本記錄交代的課後作業;一本則紀錄課堂上老師的任何指導說明,包括為什麼這樣寫或如何寫的教學示範。沈老師說做記錄的目的,可避免學員下了課就將所學忘記而怠忽練習,並要求隨時攜帶,就像字典,達到隨時查閱的功效。

日課簿中詳細規劃了習字的進程,每三個月 12 週為一期的課程順序:第一週臨帖、第二週寫對聯、第三週臨帖、第四週寫行書、第五週寫對聯、第六週臨帖、第七週寫對聯、第八週寫行書、第九週臨帖、第十週寫對聯、第十一週臨帖、第十二週寫行書。每期課程的編排順序採「滾動式」修正,在臨帖、對聯、行書三者目標之間反覆,既能掌握變化、穿插與複習的多重功效,整體也不致於因為重複性高而產生學習上的倦怠感!

圖 4-2-1:書法日課簿樣本

圖 4-2-2:學童參閱日課簿情形

圖 4-2-3：日課簿記錄內容（一）　　圖 4-2-4：日課簿記錄內容（二）

　　一旦寫字能力獲得提升，沈耿香進而要求學員們單週能背寫「帖寫字」、雙週能背寫聯句，以增強對所臨書體的熟悉度，並達成內化目標。如此，即使不看字帖也能夠自運，這些都詳細記載在日課簿中。因此，到課兩小時，活動內容充實豐富，學員們進到教室，無不兢兢業業、認真臨摹！

二、學會欣賞　鼓勵發表

　　教育理論指出「適性教學」模式的理想，要能做到兩項工作指標：即「發展學生自己負責的能力」以及「引起動機，適時給予鼓勵與回饋」。施教者要能配合學習者的能力、興趣與需要，導引他或調整教學，才是教育機會均等的精神延伸。隨著個別差異進行因材施教，以學習者為中心，強調師生互動，「欣賞法」及「發表法」不失為引導的良方。

　　「欣賞法」是學習者在典範學習的環境中，學會欣賞、懂得評論，激發「見賢思齊」的內在情緒而有所選擇。美學教育家席勒（F.Schiller, 1759~1805）認為：審美欣賞的過程

視同遊戲，人只有在遊戲的時候，才能結合理性和感性成為完整的人。因此任何欣賞活動，是以陶冶理智和感情和諧的健全人格為目的。[3]筆者曾對在「真味書屋」長期學書的幾位學員進行訪談，談話中流露他們因為喜歡趙之謙書風的靈動、魏碑的雄強，或二王行書的使轉流暢，才能沉浸其中，樂此不疲，不斷練習至今。

　　「發表法」原是教師指示學生公開表達自己的知識技能和思想感情，功用在訓練手腦並用、發揮想像和創造力，養成一門無可替代的技藝。（圖 4-2-5）、（圖 4-2-6）。

　　沈耿香從事書法教育推廣，最大的成就在總結自己的學習經驗，也鼓勵學員多參加比賽、展覽以拓展眼界，修正自己的不足。近年來，常見「真味書屋」學員們在各項競賽中獲得佳績，更促使他們持續向前的動力，足見參與發表的功效！（圖 4-2-7）、（圖 4-2-8）

　　以下節錄學員的得獎感言。從發表內容看，無不提及自己能夠參賽得獎的喜悅，同時表達因為沈耿香老師的鼓勵，才會有今天的好成績。[4]

---

[3] 王秀玲，〈教學原則〉，刊載於黃政傑主編《教材教法的問題與趨勢》，（臺北：師大書苑，1998 版），頁 45~58。

[4] 中華弘道書學會，《中華弘道書學會刊》，2009 年第二期，頁 37~44。

學員心得 學員作品

1. 公誠國小三年級陳○訢：「沈主任常常讚美我、鼓勵我，讓我對自己寫的書法有自信。…不但可以臨摹字帖寫整幅宣紙，還可以參加比賽。」

2. 公誠國小三年級郭○齊：「回想剛學書法的那段日子，握筆握不好，兩手弄得髒兮兮的，甚至把衣服弄黑了，寫字更是歪七扭八；可是沈耿香總是以和悅的口氣，不斷的給我鼓勵…才讓我信心大增。…參加決賽時得了第四名，我高興極了。」

3. 公誠國小三年級林○佑：「志工媽媽天天不辭辛勞的陪伴我們練習書法，讓我的書法愈來愈進步。」

4. 公誠國小四年級陳○文：「每天利用晨光時間四十分鐘和書法校隊的同學一起練習。現在我已經喜歡上書法了，而且非常期待自己可以學會更多的字。」

5. 公誠國小五年級張○容：「我從一年級開始學書法，一開始學的字體是北魏元顯儁墓誌銘，這個字體工整又秀雅，我很喜歡。…我每天參加書法校隊集訓…我喜歡寫書法，因為我覺得寫書法能讓自己的心靜下來。」

6. 公誠國小五年級姚○之：「沈耿香主任開啟了我在書法的潛能，…指導我夢寐以求的行書落款，…終於贏過了所向無敵的『獎金獵人』，成為轟動校園裡的小小書法家。」

7.正心中學初一王○澔：「沈耿香
　常鼓勵我們去參加比賽，會提
　供獎品來刺激我們爭取好成
　績，…對我們要求很嚴格。」

8.公誠國小六年級吳○萱：「從小
　學二年級下學期開始接觸書
　法，在沈耿香的悉心指導下，從
　魏碑入門，目前正徜徉於趙之
　謙活潑、飛動的氣勢間。…」

9.「讓我有動力想持續努的下去
　的重要人物就是我的指導老師
　——沈耿香，看到老師的用心
　與無私的付出，…讓我功力提
　升不少，對書法也更有興趣。」
　（雲林國中三年級黃○御）

10.「…沈主任教我從趙孟頫的楷書入門，接著寫行書《赤壁賦》，體會行書運筆時點畫顧盼呼應、方圓使轉、任意揮灑的痛快之情。」（正心中學初一張〇竹）

　　由上述中，小朋友所以喜歡寫字，對書法可以不離不棄，除了有父母親的陪伴，更重要的原因就是來自耿香老師的鼓勵，讓自己更有信心與成就。學習過程中，小朋友一方面有學長姊的典範可以效法，二方面指導老師又能犧牲假期，提供密集訓練給予補救教學，這些都是支撐孩子們繼續前進的動力。

圖 4-2-5：學員比賽前的加強訓練　　圖 4-2-6：學員接受考核背臨寫字

 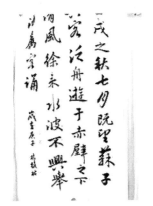

圖 4-2-7：教室公告欄展示優秀作品　　圖 4-2-8：評點的學生作品

三、善用補救教學　朝向精熟目標

前述「適性教學」模式為了兼顧學習者的差異性，教師要使學生的學習「時間量」累積到一定的程度才能精熟。而學習者本身除了要善加利用時間，訂定合理的追求目標；當浸潤時間夠久，又在同儕共學的革命情感相互扶持下，對於所學自然產生興趣，而願意投注更多的心力去充實自我！至於一些學習落後的學生，教師一方面要診斷原因，找出學生的需求，二方面還要善用「補救教學法」（remedial instruction），來提升教學成效。

補救教學，原是以有心智障礙的特殊學生為對象，所作的補救教學。後來擴及一般智力正常但學習成就明顯低於自身能力水準的學生。[5]補救教學的目的，在協助低成就學生的個別需求，設計一套教學活動提供他額外學習，這套活動必須是他感興趣的，才能落實適性的美意。有效的補救模式有

---

[5] 吳清山，《教育概論》，（臺北：五南圖書公司，2005 年），頁 59。

兩種：一是直接教學法（圖 4-2-9），將訊息直接灌輸說明；二為精熟教學法（圖 4-2-10），給予學習者足夠的時間反覆操練，使達精熟程度。[6]在「真味書屋」學習的成員都有兩本日課簿，就其詳載內容觀察，或許可視為學員在未達理想寫字目標之前，教師給予的兩種直接與精熟為內涵的補救教學；小學員對此要求，都能接受且樂此不疲！

補救教學之外，還可以透過「合作學習法」（cooperation learning）達成學習目標。合作模式有別於傳統上學生一個人對外的競爭，而是透過小組內部的合作方式來精熟學習內容；合作學習的特色在於雖然是異質性分組，卻能收積極相互依賴、重視小組獎勵的合作成效。

沈耿香的補救教學，主要展現在「真味書屋」學員參與比賽前的集訓。當學員經過長時間練習已達出賽程度，為了滿足個別需求，沈耿香針對參賽者會加強訓練。同時，為了提升臨場經驗與比賽技巧，教師還會為參賽者搭配一位有比賽經驗的學長姊共同練習，以收合作學習功效。如此不僅使比賽經驗得以傳承，新手也不致因為怯場而表現失常。

自從有此「補救教學」機制，參賽的孩子們更加努力了，到了比賽現場，因而能發揮最佳實力。一旦獲獎，這些學員們在校方及師長們的鼓舞下，更懂得珍惜羽毛、肯定自我，無形中也就堅定了自己持續寫字的動力與信心！

---

[6] 吳明隆、陳明珠、方朝郁，《教育概論：教育理念與實務初探》，（臺北：五南圖書公司，2019 年 4 月版），頁 368~371。

圖 4-2-9：直接教學法的筆法示範　　圖 4-2-10：精熟教學法的細部說明

四、分組交叉練習　產生加乘效益

　　沈耿香在兒童書法教育耕耘數十年，培育不少優秀的書法小尖兵，這些書壇的小尖兵如今也長大成人，可以獨當一面了。於是，沈耿香將這些成年學員組織起來，在「真味書屋」擔任課程助教或講師，並將一班約 28 個學員進行分組，分別向這些助教、講師學習，使每位學員都有機會接觸不同的老師書風與指導方式，經過幾輪的交叉學習，增加書寫的機率之後，自然產生加乘效益。

　　學員在通過各組助教講師的考核之後，最後再由沈耿香大老師盤點學習成效，或給予建議、或再加強未盡之處，如此學員們的功力在反覆磨練過程中，增加了練習次數與時間，無形當中獲得最佳的訓練。

第三節　親子共學方案

　　近年來由於家戶「少子化」，引發獨生子女學習興致低落、不夠積極或依賴性強，以致無法專心練字。沈耿香為了

提高學童的學習成效，開創了「親子共學」方案，讓父母子女一起寫書法。經過幾年下來的實驗，獲得很好的成效。「親子共學」不僅使家人感情凝固，親子關係和樂，也由於子女有父母親的陪伴，在學習書法的道路上走得更加篤定！同時，父母親也因為有子女的前行、引導，讓自己年輕時未能實現的願望，得到補償而感到滿足。

　　2021 年 3、4 月，公誠國小校園裡舉辦一場「沈耿香師生書法展」，其中親子組便有九組，作品水準一般很高（如圖 4-3-1~8）。這些組別有夫妻雙方帶子女的全家福；有父親帶兒子、母親帶女兒的；或者父親帶女兒、母親帶兒子的，不一而足。無論何者，從作品中都能感受家長自身的努力，以及對子女的用心栽培，親子雙方才能有此突出的表現。以下臚列展出親子作品的家長心得，如下：

圖 4-3-1：親子共學：林揚偉（父）、林柏均（子）、林奕學（子）

親子共學三年多的路，因為自己的參與、陪伴，對孩子的毅力更感佩服。期許自己能堅持到底，和妍儒、妍霏繼續在淡淡的墨香中，享受書法帶給我們的快樂。（李宜馨心得節錄）

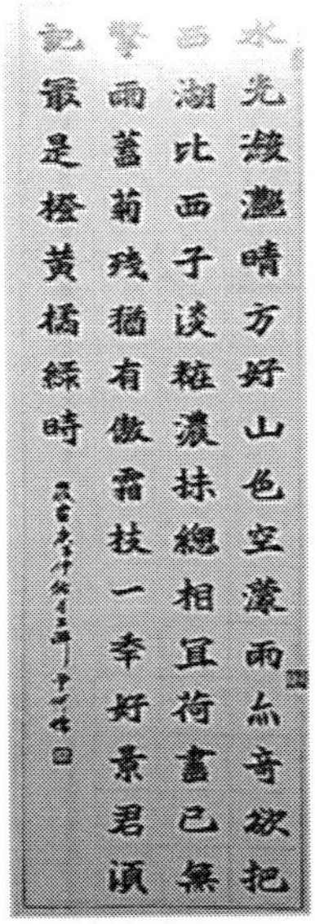

故人西辭黃鶴樓，煙花三月下揚州。孤帆遠影碧空盡，唯見長江天際流。朝辭白帝彩雲間，千里江陵一日還，兩岸猿聲啼不住，輕舟已過萬重山。

水光瀲灩晴方好，山色空濛雨亦奇。欲把西湖比西子，淡妝濃抹總相宜。荷盡已無擎雨蓋，菊殘猶有傲霜枝。一年好景君須記，最是橙黃橘綠時。

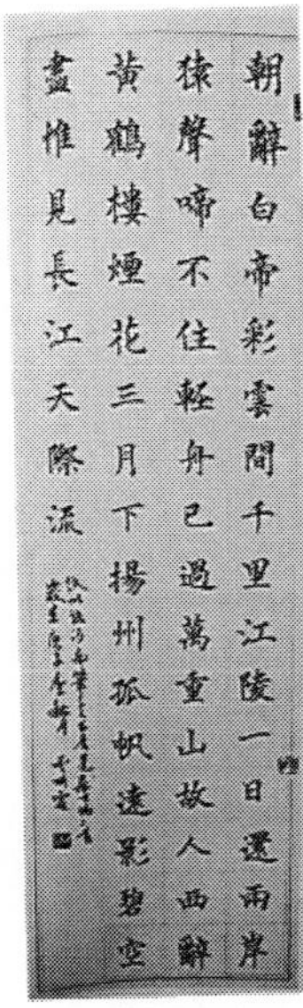

朝辭白帝彩雲間，千里江陵一日還。兩岸猿聲啼不住，輕舟已過萬重山。西辭黃鶴樓，煙花三月下揚州，孤帆遠影碧空盡，唯見長江天際流。

圖 4-3-2：親子共學：李宜馨（母）　曾妍儒（女）　曾妍霏（女）

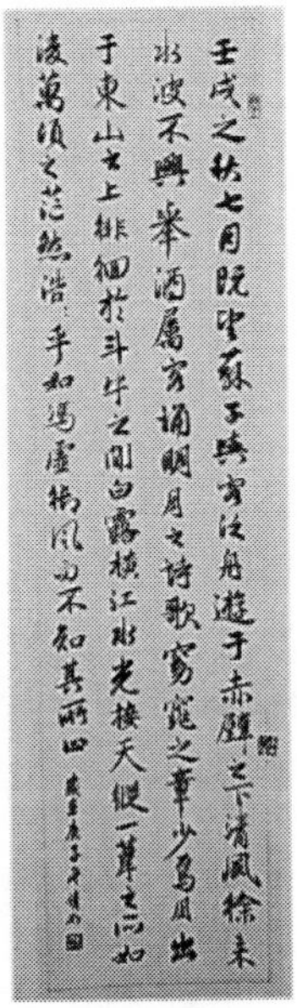

書法的養成需要時間，短時間內很難有大幅度成效，但家長學習更難，因為能了解學習的困難，遇到挫折，也就同理並等待發芽期的到來。（劉倩如心得節錄）

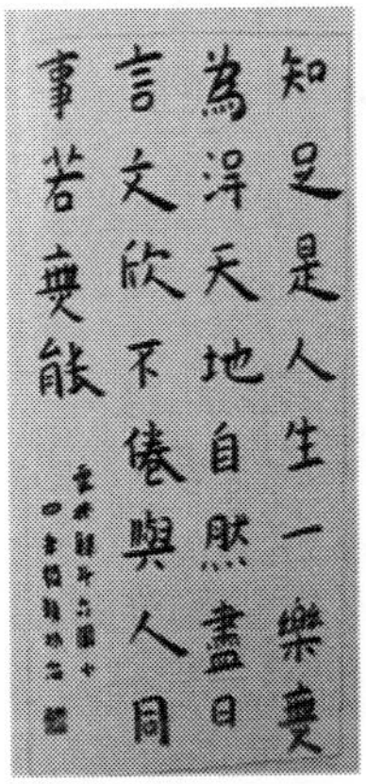

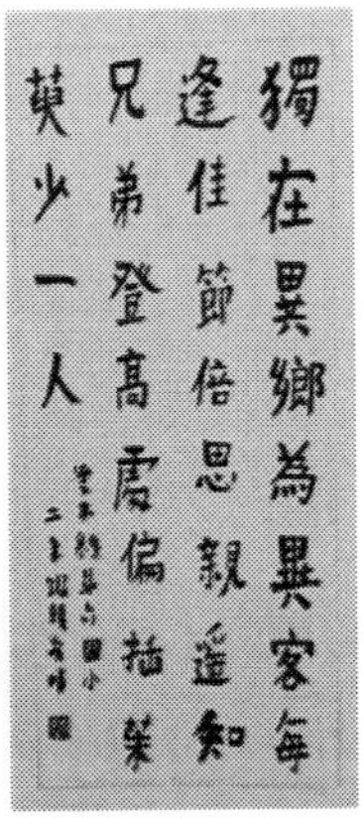

壬戌之秋，七月既望，蘇子與客泛舟遊於赤壁之下。清風徐來，水波不興。舉酒屬客，誦明月之詩，歌窈窕之章。少焉，月出於東山之上，徘徊於斗牛之間。白露橫江，水光接天。縱一葦之所如，凌萬頃之茫然。浩浩乎如馮虛御風，而不知其所止。

知是人生一樂耳，為浮天地自然日，盡不倦與人同，言文欣，事苦要能。

獨在異鄉為異客，每逢佳節倍思親。遙知兄弟登高處，遍插茱萸少一人。

圖 4-3-3：親子共學：劉倩如（母）　賴妤芯（女）　賴宥晴（女）

綠葉青蔥傍石栽 孤根不與眾花開 酒闌展卷山窗下 習習香從紙上來

沈耿香的書法性向初判鑑定，使我與兩個孩子學習截然不同的筆法字形。真味書屋獨創的分級教學制度，平時即奠定穩固的基礎，隨時都能展現實力，大顯身手。（李思賢心得節錄）

雲淡風輕近午天 傍花隨柳過前川 時人不識余心樂 將謂偷閒學少年

更深月色半人家 北斗闌干南斗斜 今夜偏知春氣暖 蟲聲新透綠窗紗

圖 4-3-4：親子共學：李思賢（父）　李昀蓉（女）　李昀芸（女）

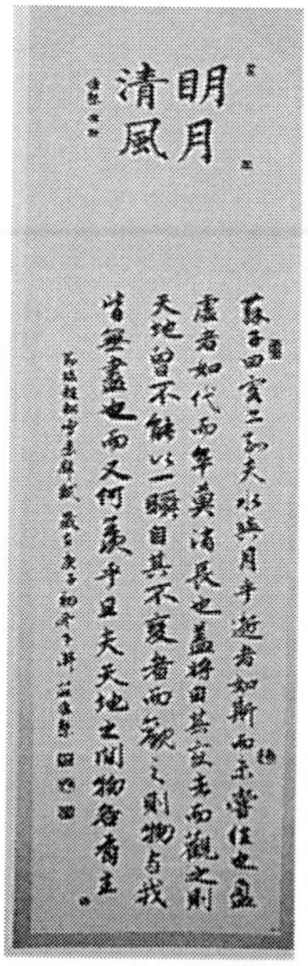

明月清風

個人最大的感受是，親子共學書法親子班能一同成長，且由家長帶頭習字，身教大於言教，孩子習字意願是高的。在細微潛移默化中，讓家長與孩子之間有著更為深切緊密的情感，是無價之寶呢！（莊惟絜心得節錄）

永和九年歲在癸丑暮春之初會于會稽山陰之蘭亭脩稧事也群賢畢至少長咸集此地有崇山峻嶺茂林修竹又有清流激湍映帶左右引以為流

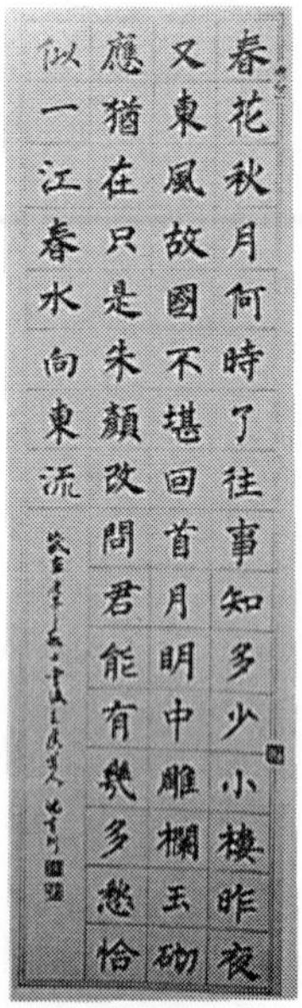

春花秋月何時了往事知多少小樓昨夜又東風故國不堪回首月明中雕欄玉砌應猶在只是朱顏改問君能有幾多愁恰似一江春水向東流

圖 4-3-5：親子共學：莊惟絜（母）　沈秩希（子）　沈育圻（子）

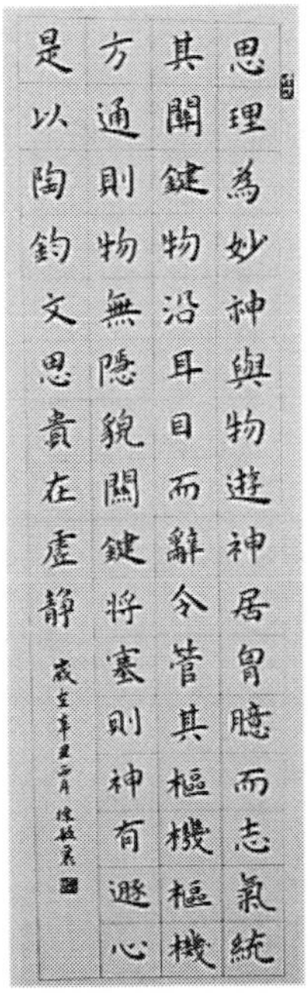

親子共學，讓我試試看帶（孩子）也去一齊練字，孰知他兩活潑好動個性，……練一天，玩六天。不過好事多磨，不出半年，原本毛躁的兩人，像是魚兒這樣順著老師的指導游向藝術大海。（徐毓襄心得節錄）

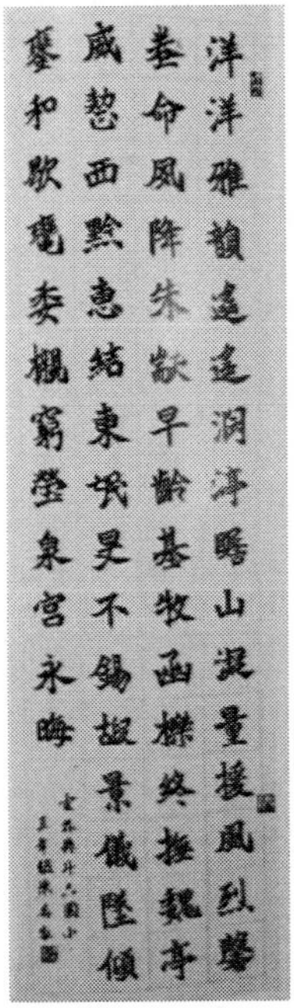

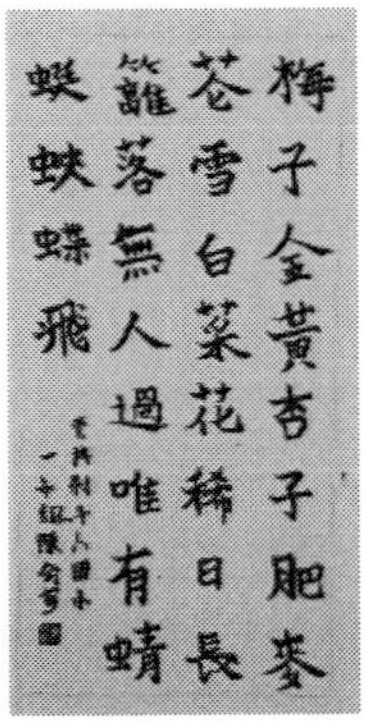

思理為妙，神與物遊，神居胷臆，而志氣統其關鍵，物沿耳目，而辭令管其樞機，樞機方通，則物無隱貌，關鍵將塞，則神有遁心，是以陶鈞文思，貴在虛靜

梅子金黃杏子肥，麥花雪白菜花稀，日長籬落無人過，唯有蜻蜓蛺蝶飛

圖 4-3-6：親子共學：徐毓襄（母）　陳禹叡（子）　陳俞安（女）

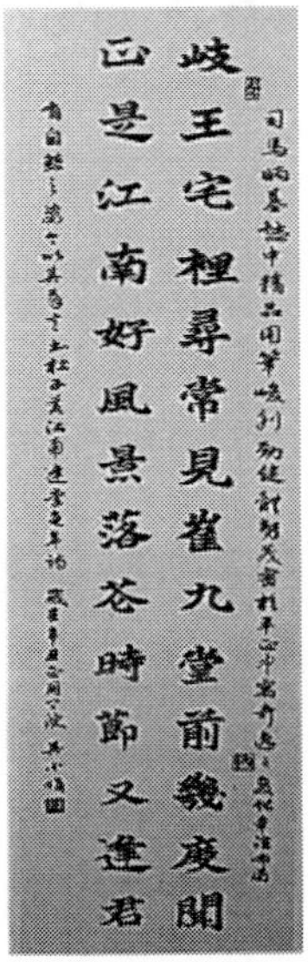

岐王宅裡尋常見，崔九堂前幾度聞，正是江南好風景，落花時節又逢君

君有拔群之奇，挺世之用，神風颯爽，儀機悟高絕，少被朝命，為奏朝請牧，王主淮貞外，散騎侍郎，給事中，銓驪驥府上佐，遷揚州車騎大將軍府長史

圖 4-3-7：親子共學：
吳小娟（母），吳明蓬
（子）

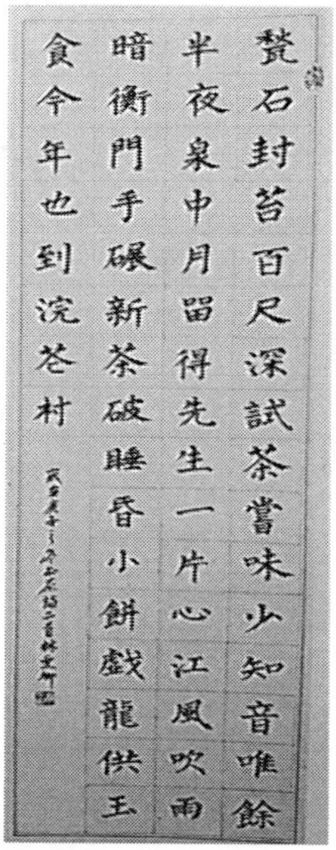

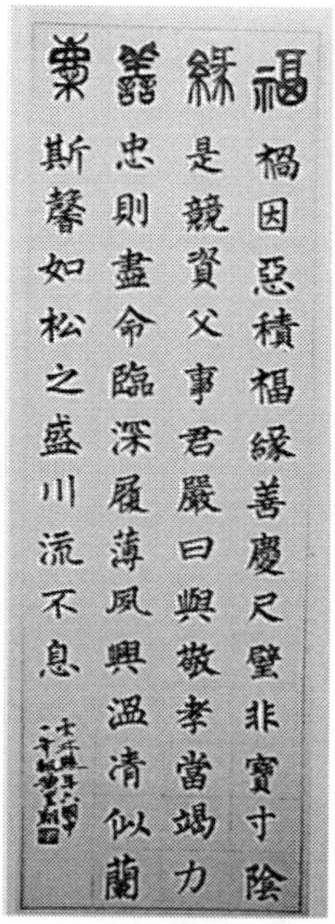

圖 4-3-8：親子共學：
林雯卿（母），黃昱翔
（子）

　　誠如一位家長寫到：「親子共學是近年來沈耿香提倡的學習方式，父母當孩子的夥伴，增進互動、培養興趣，讓筆墨紙硯融入家庭，書法成為生活的話題。」[7]這段話正可代表親子共學家長們的心聲，事實證明沈耿香老師的書法教學策略轉型是成功的，不僅各家孩子們受到栽培，做父母的因此感到欣慰，連共學家長們也連帶獲得啟發，找出自己尚未察覺的能力與嗜好。

　　根據上述展示的親子作品及家長心得，筆者歸納「真味書屋」親子共學模式帶來幾點效益：

7　沈耿香、賴怡亘，《牛轉乾坤—沈耿香師生書法展》，（斗六：真味書屋，2021 年 4 月），頁 20。

（一）改善孩子先天好動、焦躁不安的個性

（二）留給孩子一個成長的空間與幼年回憶

（三）增進親子緊密而和諧的互動關係

（四）共創家人平靜而美好的休閒生活

（五）營造書香社會、落實家庭教育

　　沈耿香推展親子共學的班級型態，使得遠道而來的家長，在接送孩子學習才藝的空檔也沒虛耗、浪費時間，一併投入書法研習。如此實施近五年了，事實證明效果極佳，不僅達成「三方共贏」目的——教師教學有成、家長習得一技之長、孩子在親情陪伴下學習成效顯著。而「真味書屋」的師生關係融洽，師生情感不僅存在學習期間，即使學員長大後進入社會，也能不忘與老師保持聯絡，沈耿香推動書法教育之成效，由此可知。

第五章
適性模式導入書法教學

　　長期從事兒童書法教育推展的沈耿香一向主張以適性模式導入書法教學，才能為學員找出一條適合他的長遠道路。適性教學之前，須先診斷學習者的筆性，才能施以個別教學。由於書體有篆、隸、楷、行、草，名家書風又各有特色，某生適合哪家字帖？只有任課老師最能了解。因此根據筆性，沈耿香給與適性選帖。其次，沈老師還自編教材、印製字帖，為學習者建構一個進階與深造的優質條件。本節即依：筆性初判標準；適性選帖指導；目標導向學習九項系統，來呈現「真味書屋」書法教學的特色。

第一節　筆性初判方法及標準

　　「真味書屋」書法教程的特點，在於學習者學書初期給予筆法觀測，然後針對畫道性質——力度的輕重及線條的型態，判斷並給予建議一種合適的書體或字帖，使之持續練習書法。楷書的筆性初判方法以及判斷標準，根據沈耿香提供之學員練習現象，說明如下：

一、筆性初判實作順序

（根據沈耿香教案，筆者重製）

中國古代提出「永」字八法做為楷書學習的入門法則。八法，是指「側、勒、努、趯、策、掠、啄、磔」，分別代表了：點、橫、豎、鉤、挑、長撇、短撇、捺等不同的筆劃。漢字是由筆畫組構而成，因此筆畫為結構的基礎，筆畫寫不好，也就談不上後續的形體之美，甚至作品章法了。但是，一般教師或者字帖的教學編排順序，往往從「點、橫、豎、撇、捺」的順序依次展開，並未深究箇中原理，而沈耿香則依其教學經驗以及認知心理學，選擇看似簡單，反而最難的豎、橫兩畫，放在最後才作教學。有轉折、較困難表現的筆畫，反而讓學員提早接觸，其考量的目的，或許在收倒吃甘蔗，漸入佳境、含淚耕耘、歡喜收成的學習功效！如此，學習書法一旦有了成就感，要學童持續練字，也就不難了。

　　在筆性初判之前，沈耿香以撇畫讓學童開始認識楷書運筆的方法，其次是橫折撇、豎彎鉤、右斜捺、豎鉤、橫折鉤、一豎、一橫的順序教導孩童。並指示學員每教一種筆畫，便須反覆練習五十遍，才能由生轉熟，內化成自己的筆觸。

二、筆性初判標準

（一）力度輕重

重

輕

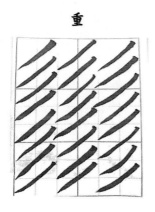
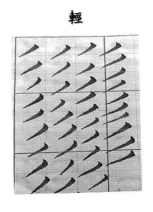

重　　　　　　　　　　輕

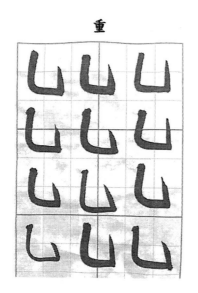 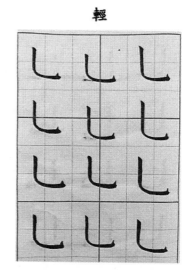

（二）線條型態

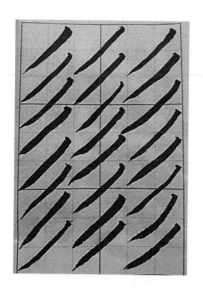

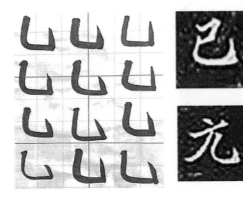

圖 5-1-1：魏碑《元顯儁墓誌銘》

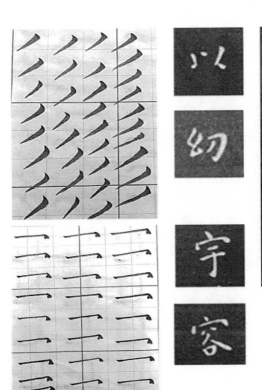

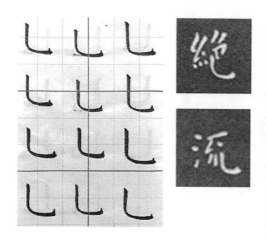

圖 5-1-2：王寵《歸去來辭》

（三）對應歷代書家軌跡

圖 5-1-3：歐陽詢《九成宮醴泉銘》

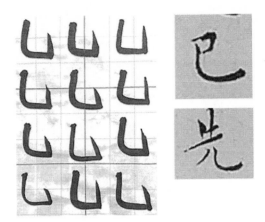

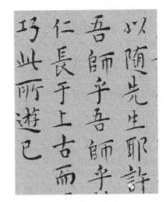

圖 5-1-4：王寵《莊子‧大宗師》

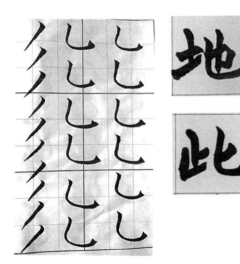

圖 5-1-5：趙之謙　楷書

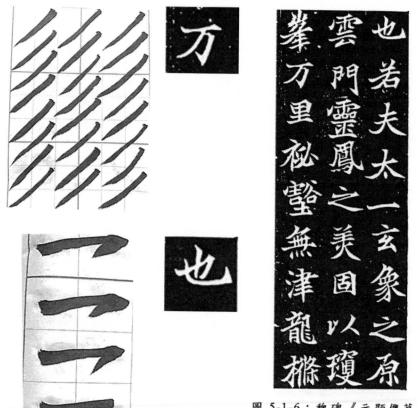

圖 5-1-6：魏碑《元顯儁墓誌銘》

　　從學員習作紙上畫道的線形情況觀察，沈耿香判斷學員的運筆特性：筆力厚、線條粗重者，表示個性直率、不拘小節，建議可從魏碑書體入門；筆力弱、線條輕細者，表示行事溫和、個性拘謹，則建議從唐楷入門。若對應於歷代名家書蹟，唐代歐陽詢《九成宮醴泉銘》（圖 5-1-3）的筆性方勁，結構挺立，字形秀麗；北朝魏碑《元顯儁墓誌銘》（圖 5-1-1）、（圖 5-1-6）的筆性剛健，結構開展，字形寬博；明代王寵楷

書《歸去來辭》（圖 5-1-2）、《莊子・大宗師》（圖 5-1-4）的筆性方圓兼具，結體欹側，字形古拙；清代趙之謙楷書（圖5-1-5）在魏碑的基礎上別開生面，有自己獨創的書風，形體顯得活潑多變。

於是，「真味書屋」的學員們經由沈耿香「筆性初判」之後，鎖定一家書體及書帖，便依字帖的內容對臨、背臨，反覆再三、不斷修正，所謂「螺旋式」學習功效，待累積到一定時間與能量，功夫也就精熟，達到可以自運的程度。

第二節　臨帖指導方針

適性教學的成效與事前的課綱設計息息相關，「真味書屋」的初學者經過教師的筆性初判後，便是適性分流、多元選帖。中國書體與字帖種類繁多，何者先行，何者後繼？沈耿香的課綱規劃乃以「六畫內之大字先行」、以「楷書奠基，行書活化，篆隸深化」為臨帖的指導原則。

一、六畫內之大字先行

書法心理學家高尚仁說：「學習行為是一種累積性的適應過程，動作的掌握和訓練應該由淺入深、自簡而繁的原則進行才算合理。」[1]「真味書屋」初學者在經過筆性初判後進入「帖寫字」的學習歷程；沈耿香有感於字形繁複、筆畫過多，會打擊孩童的自信心，於是決定六劃以內的大字先行，為臨摹要求。

---

[1] 高尚仁，《書法心理學》，（臺北：東大書局，1986 年版），頁 10。

　　所謂臨摹，是為了掌握字形的筆法、結構以及位置，開始時，學書者多藉由九宮格作為參照的標準。而坊間字帖也多半套印在有九宮的底格上面，方便反覆臨摹，並將字形結構牢記於心，產生「內化」現象後，即使不看字帖，也能寫出一樣美觀的好字。

　　「九宮」之說最早始於宋朝，原來是為了移縮古帖，用九宮來計算字形的尺寸大小，後來應用在學書臨帖上面。清代包世臣說：

> 字有九宮，…格內用細畫界一井字，以均布其畫點也。凡字無論疏密斜正，必有精神挽結之處，是為字之中宮，然中宮有在實畫，有在虛白，必審其字之精神所注，而安置於格內之中宮，然後以其字之頭目手足分佈於旁之八宮，則隨其長短虛實，而上下左右皆相得矣。[2]

在此，包世臣利用幾何概念，將字劃聚集在「井」字的中宮位置，其他筆畫則依長短、遠近，分佈在九宮周邊，並利用「計白當黑」、「虛實相映」的美學觀，把字形擺放得宜。包氏進而將「小九宮」個別字體的書寫方式擴大為「大九宮」——即九個字合為全篇布局來運用，說到：

> 每三行相并，至九字又為大九宮，其中一字即為中宮，必須統攝上下四旁之八字，而八字皆有拱揖朝向之勢。

---

[2] 清·包世臣，《藝舟雙楫·述書下》，收錄於《歷代書法論文選》，頁648。

逐字移看，大小兩中宮皆得圓滿，則俯仰映帶，奇趣
橫出已。[3]

由於寫字必需兼顧筆法、字法以及章法，始能竟功，而這些
都與九宮相關。「筆法」是運筆的方法，書法的基本訓練；「字
法」為一個字的間架，必須勻稱、緊實、不鬆散；而「章法」
則是整幅作品的字裡行間，是否相互呼應、氣韻流暢。下筆
時如能時時掌握九宮概念，寫好書法也就指日可待！

　　在「真味書屋」學習，沈耿香要求學員初次臨摹要以六
劃內之大字先行，爾後才循序漸進，按照字帖的編排順序臨
寫。何以從大字而非小字開始練習？清・張廷相《玉燕樓書
法》「骨法」記載：「衛夫人曰初學宜先大書，勿遽作小楷。…
以力運者多骨，不以力者多肉。」[4]是以寫大字才能練出骨力。
晚清康有為《廣藝舟雙楫》承繼此說，亦曰：

> …作書宜從何始？宜從大字始。…學書行草宜從何
> 始？宜從方筆始。…以何碑為美？《張猛龍碑額》、《楊
> 翬碑額》，字皆二寸，最為豐整有勢，可學者也。…先
> 習數寸者，可以摹寫。筆力能拓，起收使轉，筆筆完
> 具，既精熟，可以拓為大字矣。[5]

康有為不僅主張初學書法的人應從大字開始，甚至認為方筆
的魏碑最好，字形以兩寸大字最能拓展筆力以及字體的形勢。

---

[3] 同上。

[4] 清・張廷相、魯一貞，〈玉燕樓書法〉，收錄於《清人書學論著》，（臺
北：世界書局，1978年版），頁14。

[5] 清・康有為，《廣藝舟雙楫・榜書第二十四》，收錄於《歷代書法論文
選》，頁854~856。

今一台寸為 3 公分，一英吋為 2.54 公分，兩寸（或吋）合計約有五、六公分，這在古代算得上是大字。六公分的字形筆畫拓展程度較大，筆力可以發揮出來，先練大字再寫小字，下筆的畫道神采粲然，再寫字便不感到困難。

先選擇大字入門練習的原因，還有一項因素：即考慮學童的年紀小，肌肉發育尚不完全，對於細微動作，小肌群的操控能力有限，因此自古以來，學者無不主張大字先寫，較不感到吃力。

觀察「真味書屋」的書法教程，學童從筆畫少的字開始臨摹，畫道容易進行筆性初判，字跡的鑑識度高了，教師也才容易提出糾正，落實個別指導的功效。反之，如果所臨字帖的筆畫多了，當耐心不足，容易產生率性書寫而力不從心的惡果。

基於上述理由，沈耿香主張初學者要挑字帖裡「六畫以內的大字」先行，之後才能按部就班、全帖臨寫，筆下功夫始能漸入佳境！

二、不同書體之學習效益

中國書體有篆、隸、楷、行、草五種，各種形態雖然不同，書寫的技巧卻可以相通。元代趙孟頫提出：「書法以用筆為上，而結字亦須工。蓋結字因時相傳，用筆千古不易。」因此學書者不應謹守一體而自限格局，必須不斷嘗試，驗證多方技巧，書法才能精進。

「真味書屋」的學員在入門後，多半先由筆法較難的楷書奠定其基礎，到了一定時間，所謂火候已成，老師再依程

度，為學生加入行書來活絡筆性；而高級班的學員更須深入篆書古法，才能為日後的書法創作注入強大的生命力。

（一）以楷書奠定基礎

　　中國從東漢末年，各種書體逐漸發展完備，楷書一種最能展現淳厚雍容、嚴整勻淨的美感，其穩健的字勢，成為書法「先入平正」的最佳首選。由於楷書是國小階段學童每天必然接觸的一種字體，沈耿香便以學童們最感熟悉的楷書，作為臨摹入門的標準。

　　楷是楷模、標準之義，稱為真書或正書。楷書造型方正，起筆、收筆分明，傳說由西漢王次仲所創。三國時代的鍾繇有「楷書鼻祖」之稱，《薦季直表》、《宣示表》、《賀捷表》等帖為鍾元常的代表。二王父子受其影響深遠，王右軍有《樂毅論》、《黃庭經》、《洛神賦》小楷存世，筆法工整，體勢去扁為方，與後來的唐楷已無差別，從此楷書成為我國歷史上通行的字體，使用迄今達千年以上！

　　中國書史上，楷書實際指稱兩種型態：一是魏碑，一是唐楷。魏碑的「魏」指北魏，為當時北方的異族政權，由鮮卑人拓跋氏所建，因定都北方，故稱「元魏」或「北魏」。北魏漢化極深，受佛教影響，經常在山崖、石壁、洞窟、河床處留下大量石刻，知名的有：張猛龍碑、鄭文公碑、張黑女墓誌、龍門十二品造像記、泰山金剛經摩崖等。清代考據學盛行，提倡金石書風，魏碑因此受到青睞與追捧，大家爭相模仿，魏碑風靡一時。但觀魏碑的書體仍殘留隸意，以方筆直勢，橫畫挑收，風格樸拙天真，以粗獷稚拙為特點。隋唐以後，魏碑臻至成熟，隸意逐漸淡化，始與唐楷差別無多。

　　唐楷是楷書成熟下的產物，隨著唐代帝王的喜好和科舉「以字選才」的推波，王公將相、文人士子都能寫上一手好字。唐朝書法家眾多，這些人士不僅能寫，還留有豐富的理論專著，如：歐陽詢《三十六法》、虞世南《筆髓論》、李世民《筆法訣》、孫過庭《書譜》以及張懷瓘、徐浩、顏真卿、韓愈等名家皆是，因此造就唐朝書法發展至巔峰，尤其楷法精粹，成為後代競相學習的典範。

　　但觀史上書論，無不主張習字應從楷法開始。唐代張敬玄說：「初學書，先學真書，此不失節也。」[6]孫過庭說：「初學分佈，但求平正」[7]宋高宗趙構說：「前人多能正書，而後草書。」[8]蘇東坡說：「書法備於正書，溢而為行草。」[9]蔡君謨說：「古之善書者，必先楷法。」[10]清朝梁巘說：「學書宜先工楷」[11]，以上書法家一致公認楷法最稱完備，為學書入門者首選！

　　楷書怎麼寫才會好看？清朝宋曹《書法約言》對學書之道談論頗深，「論楷書」一節記載：

> 作楷先須令字內間架明稱，得其字形，再會以法，自然合度。然大小、繁簡、長短、廣狹，不得概使平直如算子狀，但能就其本體，盡其形勢，不拘拘於筆畫

---

[6] 虞君質編，《美術叢刊》第四卷，（臺北：中華叢書委員會，1956 年版）。
[7] 唐·孫過庭，〈書譜〉，收錄於《歷代書法論文選》，頁 129。
[8] 宋·趙構，《翰墨志》，收錄於《歷代書法論文選》，頁 367。。
[9] 宋·蘇軾，〈論書〉，收錄於《歷代書法論文選》，頁 314。
[10] 崔爾平、江宏，《中國書畫全書》，（上海：上海書畫出版社，2000 年版），第四卷，頁 9。
[11] 清·梁巘《評書帖》，收錄於《歷代書法論文選》，頁 579。

之間，而遏其意趣。使筆筆著力，字字異形，行行殊致，極其自然，乃為有法。[12]

欲寫楷書要先掌握字形：結構勻稱，大小穿插，長短搭配，繁簡得宜，千萬不能像算盤上的算珠排列太過整齊、死板而缺乏逸趣；其次講究筆法，用筆合於提按標準、力道輕重有致，行氣自然變化。

由於唐朝科舉考試以「書科」取士，所以特別重視讀書人的書法，講究字形，務求嚴謹、工整，因此書風向來有「尚法」標記。唐人重法，「法」是法度、規範，既指出規矩，同時也是一種態度，中國留法的書法美學家熊秉明說：

> 「法」，至少有兩個意思。（一）書法家在創作時，保持一恬靜的心情。虞世南所謂「收視反聽，絕慮凝神，心正氣和」，既有這樣的心理狀態，所以頭腦是冷靜清醒的，理性作全然的控制。…（二）作品在完成之後，應具有均衡的美、秩序的美。歐陽詢八法中所說：點畫調勻，上下均平。[13]

唐代文藝活動蓬勃，每項都有一個「立法」的要求，律詩講究協韻、平仄相反、詞性相對；同樣，書法也有法度要求，因此造就許多楷書家：虞世南的字凝鍊、歐陽詢的字嚴謹、褚遂良的字疏朗、顏真卿的字雄強、柳公權的字堅挺，無不成為後世效法的典範。歐陽詢尤其為「唐楷第一」，其《九成宮醴泉銘》號稱「楷書極則」，成為今人學習楷法的首選。

12　清·宋曹，《書法約言》，收錄於《歷代書法論文選》，頁569。
13　熊秉明，《中國書法理論體系》，（臺北：谷風出版社，1987年），頁28。

　　唐朝以後書法家固然不少，但筆法已從四平八穩的規律
中釋放出來，衍變為重視個人筆意的「尚意」書風。宋代姜
夔批評唐人寫字「應規入矩，無復晉人飄逸之致。」[14]認為唐
人過度追求平正，束縛了才情，影響書法創作；大書法家蘇
軾曾說「我書意造本無法。」[15]意思是不必死守法度也能寫
字。此後中國書法史發展不再像唐人寫字一般的規矩、嚴肅，
即使元代趙孟頫的楷書，也都帶有行書筆意，顯得活潑多姿！
後世學書欲學楷書，多從唐代歐、虞、褚、薛、顏、柳等尋
找入門的門票，好奠定自己的寫字基礎。

　　檢視「真味書屋」楷書教程，初學者在經過四週「永」
字八法的基本練習，並完成筆性初判之後，教師為學員適性
分流、多元選帖，選擇了北魏《元珍墓誌銘》的碑楷、唐歐
陽詢《九成宮醴泉銘》、顏真卿《顏勤禮碑》、柳公權《玄秘
塔碑》等字帖；基礎穩固之後，再選擇其他範本，如三國魏
鍾繇的章草、元代趙孟頫、明代張即之、王寵等的行楷字帖，
作為拓展應用的資材。

---

14 宋·姜夔，《續書譜》，收錄於《歷代書法論文選》，頁 384。
15 宋·蘇軾「論書」詩，〈石蒼舒醉墨亭〉云：「自言其中有至樂，適意
　無異逍遙遊。我書意造本無法，點畫信手煩推求。」

圖 5-2-1：「真味書屋」楷書教學指導

（二）以行書活絡筆性

　　宋朝蘇軾曾在書論中談論張旭的草書，說：「今世稱善草書者或不能真、行，此大妄也。真生行，行生草。真如立，行如行，草如走，未有未能行立而能走者也。」所謂「立」指站立；「行」指行走；「走」為跑步。書體中楷書的筆法，就像一個人立正站好，行書的筆法像一個人向前開步走，而草書的筆法則是一個人快速向前跑，三者姿態各異。清朝劉熙載《藝概》將書法區分動、靜兩種：「篆、分、正為一種，皆詳而靜者也；行、草為一種，皆簡而動者也。」[16]由於行書為求行氣順暢，往往快速書寫而簡省筆畫，相對來說，行書易寫，普及率高而流行較廣。行書可以分為幾種不同的型態：

---

16 清‧劉熙載，《藝概‧書概》，收錄於《歷代書法論文選》，頁 691。

「有真行，有草行，真行近真而縱於真，草行近草而斂於草。」
[17]所以行書結體活潑，介於真草之間，比工整的楷書流利，而
比率性的草書易於辨識，成為實用性最高的書體，與楷書分
庭抗禮，於是「真味書屋」的學員也都要兼習行書。

　　行書用筆的方法在於「執、使、轉、用」之間，掌握運
筆圓轉、前後映帶、筆斷意連，方能寫好。而筆又有方、圓
之分，一般楷書用筆方、篆書用筆圓，行書則兼而有之。唐
朝張懷瓘說：「行書，非真非草，離方遁圓，在乎李孟之間。」
[18]宋朝姜夔則說：「真貴方，草貴圓。方者參之以圓，圓者參
之以方，斯為妙矣。」[19]行書從楷書的方筆轉向為草書的圓
筆，方圓交互涵容並能靈活運用，方能成趣。

　　至於，行書的法帖有哪些？姜夔認為：「《蘭亭記》及右
軍諸帖第一，謝安石、大令諸帖次之，顏、柳、蘇、米，亦
後世之可觀者。」[20]魏晉時有王羲之《蘭亭序》及其各種法帖
可以選擇；其次是王獻之；到了唐代，則有顏真卿、柳公權，
宋代有蘇軾、米芾，都值得觀察！因此，整理這些名家的行
書帖，有：王羲之《蘭亭序》、《集字聖教序》、《興福寺斷碑》；
王獻之《廿九日帖》、《姨母帖》；顏真卿《祭姪稿帖》；蘇軾
《黃州寒食詩帖》、《赤壁賦帖》、黃庭堅《松風閣詩帖》、米
芾《苕溪詩》、《蜀素帖》等為大宗。

　　檢視「真味書屋」行書教程，在目標導向學習原則下，
教師為學員適性選帖、加入行書一項。為了讓學員們能及早

---

[17] 同上。
[18] 唐・張懷瓘，《書估》，收錄於《歷代書法論文選》，頁 150。。
[19] 宋・姜夔，《續書譜》，收錄於《歷代書法論文選》，頁 391。
[20] 宋・姜夔，《續書譜》，收錄於《歷代書法論文選》，頁 389。

熟悉筆法、快速掌握行書體勢，沈耿香以毛筆畫圈圈開始，讓學員體會使轉運筆的操作；然後再以直線的轉折交錯，感受映帶方法；最後才指定字帖，作為臨摹的教材。字帖部分，除了坊間販售的，沈耿香還自編《趙孟頫赤壁賦》、《趙之謙行書集》等，作為學員們進階學習的範本，可謂用心良苦！

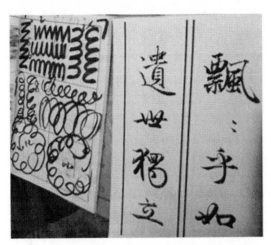

圖 5-2-2：「真味書屋」行書教學指導

（三）以篆書深化內涵

　　篆書，相對於真、行二書，屬於年代較早發展的古文字。篆書，主要指稱秦朝的小篆。清錢泳說：「學篆書者，當以秦相李斯為正宗，所謂小篆是也。」[21]李斯的秦篆為小篆學習的正宗，可惜《泰山石刻》僅存二十九字、《琅邪台刻石》也只留傳十二行。清代「樸學」興起考據文風，始有大量文人開啟寫篆書的規模。

---

21 清・錢泳，《書學》，收錄於《歷代書法論文選》，頁 616。

　　篆書如何學習？所臨摹法帖又有哪些？明朝豐坊說：
「古大家之書，必通篆籀，然後結構淳古，使轉勁逸。」[22]清
朝劉熙載分析：「周篆委備，如《石鼓》是也；秦篆簡直，如
《繹山》、《琅邪台》等碑是也。」[23]篆籀的書體古雅、淳厚、
簡易、圓轉，書法家若能兼通篆籀，對於創作必能有所助益。
在書寫的過程中，大篆當取周秦間之《石鼓文》，小篆則為秦
李斯的《繹山碑》、《瑯邪台碑》較佳，至於清篆可選擇性很
多，鄧石如、吳讓之、趙之謙、徐三庚、吳昌碩、吳大澂等
都是名家，風格各異。其中趙之謙的篆書，以北碑雄強剽悍
的筆法融入古雅的篆書，將文創書寫帶入新的時代，別具趣
味。

　　沈耿香以篆隸二體來深化學員的書寫線形。所謂「深化」
包含兩層意義：一指書寫技術，二是學習趣味。前者施教對
象是資深學員，當其書藝已臻純熟，為了提升他創作的動能，
教師以篆、隸引導他們向古人汲取營養。後者指學習趣味的
深化，對於經驗不足的書法學習者，為了調節他們對同一書
體反覆臨摹可能帶來的負面情緒，沈耿香用圖畫字——篆書
概念教導小朋友寫春聯、畫十二生肖來引發趣味。

　　從文字發展的源頭看，中國自古講「書畫同源」，認為書
與畫不可分割，「六書」中之「象形」本來就是圖像性符號。
書法理論家熊秉明看創作的技巧與材料，有這樣一說：

　　　　在中國，畫畫和寫字用同樣的筆，同樣的墨和紙，在
　　　　運筆和用墨上往往有相通的地方。宋元以後，由於文

---

22 明‧豐坊，《書訣》，收錄於《歷代書法論文選》，頁 506。
23 清‧劉熙載，《藝概‧書概》，收錄於《歷代書法論文選》，頁 687。

人畫的發展，線條在繪畫上愈變愈重要。題畫的風氣
產生後，畫和字的關係更加密切，作畫必須也善寫字。
[24]

作畫必須也善寫字，是熊先生肯定書法與繪畫的淵源相近。
唐代張彥遠說：「書畫用筆同法。」[25]宋代鄭樵說：「書與畫同
出。畫取形，書取象；畫取多，書取少。凡象形者皆可畫。」
[26]元代趙孟頫也有：「石如飛白木如籀，寫竹還應八分通。若
也有人能會此，須知書畫本來同。」皆為古人對書畫同源、
書畫同筆、書畫同體信念的演繹。而國畫在設色上分為濃、
淡、乾、濕、黑「五色」，所指的是墨色而不是顏色；「四君
子」的操作用「寫」而不用「畫」；綜合這些現象，「書」「畫」
關係的確密切。而「真味書屋」沈耿香用篆書達成深化學習
目標，自然有她在教育心理及書法技巧上的雙重考量。

　　至於篆書如何用筆？篆書體勢修長、筆法圓潤，唐朝孫
過庭說：「篆尚婉而通。」[27]意思是指篆書運筆當婉轉。清朝
錢泳也說：「蓋篆體圓，有轉無折。」[28]篆書的筆法在圓轉，
不在方折，因此要寫出篆書平和、安定、溫婉的感受，字心
多要向上提高，筆畫集中布局，結構掌握左右對稱、上下呼
應的裝飾美，才能寫好它。

---

[24] 熊秉明，《中國書法理論體系》，（臺北：谷風出版社，1987 年版），
頁 7。

[25] 唐・張彥遠〈歷代名畫記〉，收錄於《中國美術史資料選編》上冊，
（臺北：光美書局，1984 年版），頁 317。

[26] 宋・鄭樵，〈六書略・象形第一〉，《通志》，收錄於《中國美術史資料
選編》上冊，頁 386。

[27] 唐・孫過庭，《書譜》，收錄於《歷代書法論文選》，頁 126。

[28] 清・錢泳，《書學》，收錄於《歷代書法論文選》，頁 616。

　　由於「真味書屋」以國小學童居多，對古文字的認識尚
淺，於是沈耿香以「十二生肖」圖像文字做為篆書教學引導，
採「寓教於樂」方式帶入春聯寫作。資深的學員，則由教師
提供自編版的《趙之謙篆書集》作為臨摹範本，確實收到多
元選帖、一體多表的適性教學成效。

圖 5-2-3：「真味書屋」篆書教學
指導

圖 5-2-4：「真味書屋」篆書運筆
練習

圖 5-2-5：沈耿香「年年有餘」，創
意篆書

圖 5-2-6：「真味書屋」篆書生肖
春聯

圖 5-2-7：學員作品，石鼓文　　圖 5-2-8：學員作品，篆書標題

第三節　目標導向學習九項系統

　　沈耿香依據多年的教學經驗，為「真味書屋」學員訂定出一套目標導向（Goal Orientation）的書法學習系統，造就出不少年輕的小書家。

　　所謂目標導向（Goal Orientation）是指以目標教學和回饋矯正為基本特徵的教學體系。理論依據 B.S.布盧姆的「教育目標分類學」、「掌握學習策略」、「形成性評價」三方面總結而來。安姆斯（Carole Ames）針對「目標導向」進行分析與研究，認為「不同的目標性質促使個體採取不同的動機信念，因此不同的目標結構引導不同的動機、及相關的認知信念與行為表現。」學者鄭芬蘭也說：「目標導向是指學習者的

學習動機,因目標的性質而不同。有些學習者學業表現傑出,其動機是為了肯定自己的聰明才智;有些人的動機是為獲得社會讚賞;也有人是想增進自己的實力。」[29]學習態度、學習成就與其內在動機強弱,足以決定學習的成效,三者息息相關。

　　因此如何提高學習者的學習動機,促進其發揮潛能,是所有教師應盡的責任。本節介紹沈耿香針對各項書體的特性作出分類,訂定一套有系統之學習目標,藉此引導並提升「真味書屋」學員們的書法技能,該系統有以下九種模式。

【模式一】

柳公權玄秘塔碑→褚遂良雁塔聖教序→沈尹默行楷書→宋徽宗瘦金體

---

[29] 國家教育研究院,《教育大辭典》,詞條「目標導向」,鄭芬蘭 2000 年 12 月。

◎實例

律回歲晚冰霜少春
到人間草木知便覺
眼前生意滿東風吹
水綠條差

→

三月東風吹雪消湖
南山色翠如澆一學
羌笛无人見無數梅
花落野橋

→

日落沙明天倒開波
搖石動水濚迎輕舟
泛月尋溪轉認是山
陰雪後來

→

舉竟西湖六月中風
光不與四時同接天
遂葉窮碧映日荷
苍別樣紅

　　第一種模式，是為筆性初判較屬清瘦的學員們所設計的教程。所謂「顏筋柳骨」，在風格上柳體與顏體有明顯差異，因此這類型筆性的學員，首先以學習中唐柳公權楷書為基礎，其次加入褚遂良、沈尹默的行楷書為應用，最後再以宋徽宗「瘦金體」求其變化。「瘦金體」書風秀麗、飄逸犀利，在與屬性相近的墨跡中設定目標，既能兼顧學員的用筆特性，又不失建立學習典範，故能增加學習的趣味與向前的動力。

（一）柳公權《玄秘塔碑》介紹

　　柳公權）778~865），字誠懸，中唐京兆華原（陝西耀縣）人。遺世作品有《玄秘塔碑》、《李晟碑》、《神策軍碑》、《金剛經》、《大唐回元觀鐘樓銘並序》，行書有《蒙詔帖》、《蘭亭詩帖》等。

　　書史上柳公權與顏真卿齊名，並稱「顏柳」；又以「顏筋柳骨」來區別兩人的書風。顏字用筆筋肉飽滿，柳字則以骨力取勝。蘇軾評論：「柳少師書，本出於顏，而能自出新意。」[30]後世初學柳字的人，往往偏重骨力而下筆過瘦，其實張百軍

30　宋・蘇軾，《蘇東坡集》前集卷二十三〈東坡題跋・書唐氏六家書後〉，收錄於《中國美術史資料選編》上冊，頁 386。

認為：柳書在勁健之外還有豐腴的一面，《神策軍碑》即是（圖 8-1b）。[31]

　　人稱「唐人尚法」，柳公權正是典型的代表。其書體緊密、瘦硬，筋骨明顯。筆法銳利，最講究藏鋒逆入、回鋒收筆。《玄秘塔碑》堪稱是柳體字的代表，與其他作品相較，《玄秘塔碑》既有斬釘截鐵的柳體特性又富變化。變化的是：一、筆畫粗細的變化，如：來、闡、教等字的筆畫多顯豐腴，與其他瘦硬字對照起來，可避免視覺單調；二、用筆的變化，例如「慧」字上部字形結構採斜線變化，相對其他平直之字，即表現一種趣味，是欣賞柳書或學習柳字者，不可不留意的現象！[32]

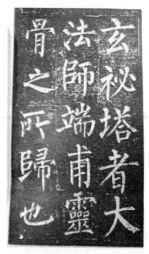

圖 5-3-1a：唐柳公權《玄秘塔碑》局部　　圖 5-3-1b：唐柳公權《神策軍紀聖德碑》局部

---

[31] 張百軍，《中國書法經典 20 品》，（合肥：安徽美術出版社，2010 年版），頁 85~91。
[32] 岳師倫，《八面風神—中國書法的意蘊》，（北京：北京大學出版社，2005 年版），頁 87。

（二）褚遂良《雁塔聖教序》、《倪寬贊》介紹

褚遂良（596~659），字登善，唐河南陽翟人，一說浙江錢塘人（今杭州），隋文帝開皇十六年生於長安。父親褚亮，陳代入朝為官，至隋與虞世南以文學一同受知於晉王楊廣；並與歐陽詢共掌禮儀制度。唐朝成立，褚遂良自武德初年隨父入唐，受父執輩魏徵、虞世南、長孫無忌重臣之提攜，仕途順利。高宗顯慶四年（659），因反對廢后改立武則天，連遭貶官，卒於愛州（今越南）刺史任上，享年64歲。

褚遂良善書，書法根源虞世南。唐朝李嗣真說：「虞世南蕭散灑落，真草惟命…褚氏臨寫右軍，亦為高足。」[33]褚遂良書法傳承自虞世南和王羲之，書風疏瘦勁挺，頗帶媚趣。

褚書《雁塔聖教序》（圖8-2a），行書，空明飛動，為後世推崇。該書用筆特色，行書筆意入楷，方圓兼備；結體中宮收緊，四周舒展，錯落有趣；字體中，長橫一畫多取弧勢，兩端粗而中間細，點畫間筆勢呼應，雖然筆斷而氣勢相連，書風超凡妍媚。

褚書《倪寬贊》（圖8-2b），藏於北京故宮，傳說為褚遂良筆墨真跡，筆法瘦硬，參以行書，寓以篆隸方法，能使筆勢婉轉流暢。今人評「結字寬博，章法疏朗，氣息古雅，格調很高」[34]。

---

33 唐・李嗣真，《書後品》，收錄於《歷代書法論文選》，頁138。
34 岳師倫，《八面風神─中國書法的意蘊》，（北京：北京大學出版社，2005年版），頁56。

褚書影響當時以及後世深遠，清朝劉熙載評其為「唐之廣大教化主」[35]。翻檢唐人書跡，受褚影響者眾多，如「顏平原（真卿）得其筋」、「徐季海（浩）之流得其肉」、薛少保（稷）更直接承襲褚遂良流派；敦煌出土的文書檔案，寫經本都可見褚字流風。今天由學褚而登晉唐堂奧者，大有人在。

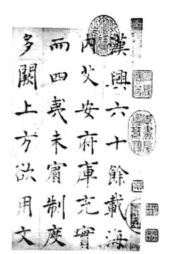

圖 5-3-2a：褚遂良《雁塔聖教序》局部　　圖 5-3-2b：褚遂良《倪寬贊》局部

（三）沈尹默行楷書介紹

沈尹默（1883~1971），民國浙江吳興人，留學日本，曾任北京大學文學系教授、校長。清末民初「碑學」大興之際，他繼承並倡導「二王」書法，使當時將要淹沒的「帖學」重新崛起，成為現代帖學的開山盟主。初學褚遂良，後遍習晉唐諸家，晚年融會蘇軾、米芾，清圓秀潤中自有勁健猷逸之

---

35 清‧劉熙載，《藝概‧書概》，收錄於《歷代書法論文選》，頁702。

姿。[36]沈尹默由帖學入手，書法造詣，真、行、草兼擅，尤以行書著名。

　　沈尹默《南通朱銘山先生暨德配袁夫人七十壽序》（圖 8-3a）、（圖 8-3b）共計十屏，1947 年作。他以最拿手的細筆楷書書寫，為現存沈書尺幅作品最大的。內容為當時各方聞人聯合送南通朱銘山夫婦的一篇賀壽序文，聯屬人數之多，僅就款識便有四行姓名，幾乎囊括當時學術及政界的「半壁江山」。

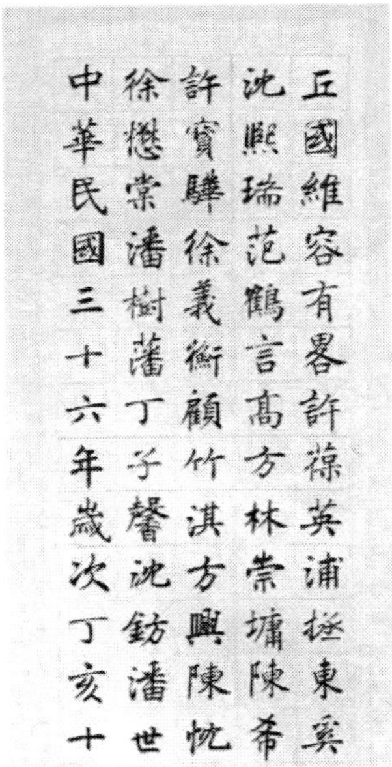

圖 5-3-3a：沈尹默《南通朱銘山先生暨德配袁夫人七十壽序》第十屏上半。（網路）

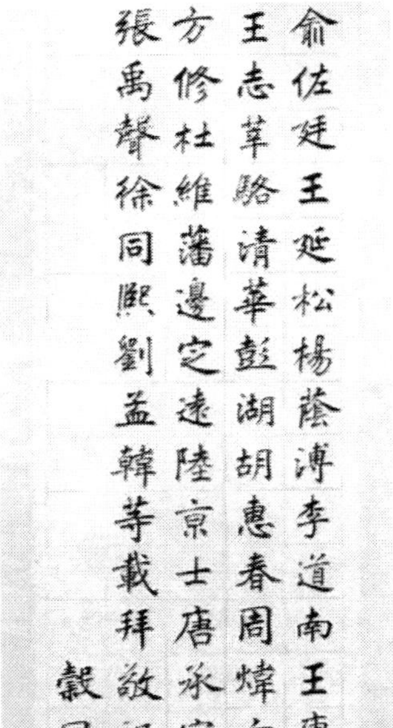

圖 5-3-3b：沈尹默《南通朱銘山先生暨德配袁夫人七十壽序》第十屏下半。（網路）

---

[36] 岳師倫，《八面風神—中國書法的意蘊》，頁 155。

（四）宋徽宗「瘦金體」介紹

南宋徽宗趙佶（1082~1135），史上最具藝術天分的帝王。繪畫有山水、翎毛、人物、墨竹，無一不精；書法代表「瘦金體」，乃從唐朝薛稷、薛曜吸取瘦硬的筆法而更為誇張，並融入黃庭堅書法的體勢，成為他個人獨具的楷書風格。

徽宗在位時大興書學、畫學，成立宮廷書畫院，廣泛蒐集民間文物，並飭令編輯《宣和書譜》、《宣和畫譜》，將歷代書畫名家的作品著錄成冊，頗具保存、典藏、整理的卓越貢獻。

「瘦金體」書風秀麗、飄逸犀利，獨步天下。特色是：筆鋒提按顯露，起收採頓挫形式，橫向結束帶鉤，直向結束用點，撇如匕首，捺如切刀，趯鉤細長而內斂，連筆飛動而明快。作品以《千字文》（圖 8-4a）、《嵯峨萬仞詩》、《牡丹詩帖》、《穠芳依翠萼詩帖》等為代表。尤其以《穠芳依翠萼詩帖》（圖 8-4b），鐵畫銀鉤，為宋徽宗「瘦金體」最成熟之作。

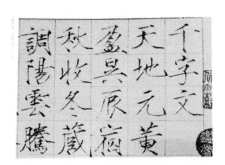

圖 5-3-4a：宋徽宗瘦金體《千字文》局部

圖 5-3-4b：宋徽宗《穠芳依翠萼詩帖》局部

【模式二】

顏真卿顏氏家廟碑→智永楷書千字文→張即之李伯嘉墓誌銘

◎實例

第二種模式，此為筆性初判筆力較屬雄厚者所設計之臨帖教程。先是以學習唐顏真卿楷書為目標，其次臨寫隋朝智永的行楷書，最後取明朝張即之《李伯嘉墓誌銘》的行楷書為應用。智永書法，蘇東坡評其「骨氣深穩，體兼眾妙」[37]。張即之書法初學伯父張孝祥；孝祥書法主學顏真卿；即之受其影響，筆畫遒勁，得其真傳；學習者若能取法古人，以顏楷入書，智永、張即之行楷書隨後，可收伸縮舒展、揮灑自如之妙境。

（五）顏真卿《顏氏家廟碑》介紹

顏真卿（709~785），字清臣，唐京兆萬年（今陝西西安）人。開元進士，官至吏部尚書、太子太師，封魯郡公，人稱「顏魯公」。

顏書成就，史上視為繼「二王」以來另一高峰。唐代延續前朝南方書風，至顏真卿而一變，以篆入書，似錐畫沙，鏗鏘有力。蘇軾稱：「顏魯公書雄秀獨出一變古法。」[38]黃山谷曰：「蓋自二王以後，能臻書法之極者，惟張長史與顏魯公二人。」[39]盛讚顏魯公開創出新的局面。其傳世大量碑刻，對宋代書法影響深遠。

《顏氏家廟碑》（圖 8-5a）為魯公晚年楷書力作，以篆籀筆意入楷，蒼勁渾圓；結體雄偉剛健，氣勢磅礡，可用「大、

---

[37] 明·何良俊，《四友齋書論》，收錄於《明人書學論著》，（臺北：世界書局，1973 年版），頁 10。

[38] 清·蔣興煜，《顏魯公之書學十二章》，第七章。收錄於楊家駱編《近人書學論著》下，（臺北：世界書局，1974 年版）。

[39] 清·蔣興煜，《顏魯公之書學十二章》，第七章。

重、樸、厚、嚴」[40]五字概括，最能體現顏書成熟後的獨特風格。又，端正嚴峻、雄渾壯美之姿，象徵大唐盛世流風。

圖 5-3-5a：唐顏真卿《顏家廟碑》　圖 5-3-5b：唐顏真卿《顏家廟碑》
1 局部　　　　　　　　　　　　2 局部

（六）智永《千字文》介紹

智永，隋朝山陰（今浙江會稽）人，王羲之第七世孫，歷經梁、陳、隋三朝。出家後定居浙江永欣寺，習書三十年，遍寫真、草千字文八百本，作品分送江東各寺廟。用壞毛筆，智永用五大籮筐盛裝；顧慮登門求字的香客川流不息，恐踏穿門檻，智永用鐵皮包覆，而有「鐵門檻」之稱。

清朝康有為談對行草書的臨習，曾說：「學草書先學智永《千文》、過庭《書譜》千百過，盡得其使轉頓挫之法，形質具矣，然後求性情。」[41]學習草書，智永是關鍵人物，必定要臨。

---

40 岳師倫，《八面風神—中國書法的意蘊》，頁 80。
41 清・康有為，《廣藝舟雙楫・行草第二十五》，收錄於《歷代書法論文選》，頁 859。

《千字文》為古代童蒙識字的教材，由梁武帝時周興嗣編撰，內容從「天地玄黃」到「焉哉乎也」，四字一句，句句押韻，共得二百五十句，合計一千字，中間沒有一字重覆。

圖 5-3-6a：智永楷書《千字文》局部

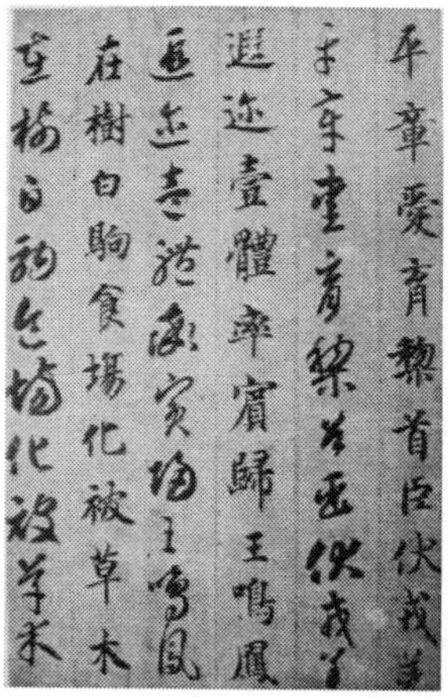

圖 5-3-6b：智永草書《千字文》局部

（七）張即之《李伯嘉墓誌銘》介紹

張即之（1186~1263），字溫夫，南宋安徽和縣人。伯父張孝祥，以書翰俱美獲得宋高宗器重，主學顏真卿；張即之受其伯父影響，行書筆畫遒勁，得其真傳。張即之楷書獨樹一幟，伸縮舒展、揮灑自如，名列南宋楷書第一。中楷作品有《金剛經》、《李衎墓誌銘》、《度人經》、《佛教遺經》等。大字楷書有《書杜詩》、《待漏院記》。行書則有《柴茗帖》、《報本庵記》。

張即之《李衎（字伯嘉）墓誌銘》（圖 8-7a）、（圖 8-7b），紙本，小楷。此卷書法既非唐楷，又不同於當朝前輩書家的

意趣，大膽突破傳統，以情感因素自由表現技法，筆畫線條的粗細、輕重、方圓皆較誇張，深具個人獨特的風格。

圖 5-3-7a：張即之《金剛經》局部　　圖 5-3-7b：張即之《李伯嘉墓誌銘》局部

【模式三】

元顯儁墓誌銘→趙之謙楷書→趙之謙行書→趙之謙篆書

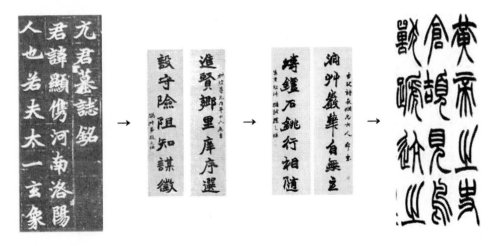

◎實例

　　第三種模式，此乃適用筆性初判厚重者的學習進程。是以魏碑入門，後習清人趙之謙三體以求變化與應用。趙之謙（1829~1884年），清末傑出的書畫家和篆刻家。擅長的書體多元，篆、隸、楷、行均有自己的面貌，碑派筆意濃厚。他善用折筆入鋒，起筆形成鈍頭，力道強勁，結體開張。學習者由此從事書寫，作品效果將風采多姿。

【模式四】

元顯儁墓誌銘→張猛龍碑→張即之行楷書

◎實例

第四種模式：此亦適用於筆性初判線條雄強者的學習教程。由魏碑《元顯儁墓誌銘》、《張猛龍碑》入門，再進階為張即之行楷書。宋張即之《李衎（字伯嘉）墓誌銘》小楷，突破唐楷技法，大膽自由表現，線條粗細、輕重、方圓比例，誇張而有其獨特的個人風格。教程設計分為三項，適合書齡淺近、年紀較長、悟性較高者之選擇。

（八）北魏《元顯儁墓誌銘》介紹

中國歷史上北魏是鮮卑族建立的王朝，西元 494 北魏孝文帝遷都洛陽後漢化極深，改制漢字。六朝也是隸書向楷書發展的轉折年代，所見書蹟多楷、隸雜存，或楷多於隸；字形由扁闊趨近方整，因為鑿刻，筆畫呈方筆。當時北方立碑風氣盛行，加上信仰佛教，石刻種類有石碑、墓誌、造像與摩崖，數量可觀。後世常以「魏碑」或「北碑」統稱此一時期的書體。

《元顯儁墓誌銘》（如圖 8-8a、8-8b），延昌二年（西元514）刻，小楷。元氏，為拓跋魏的漢姓，墓誌成群，包括：元楨墓誌、元弼墓誌、元羽墓誌、元詳墓誌、元珍墓誌等皆是，用筆精到、結體端正，屬碑楷的代表。魏碑由於勘刻講究，形體狹長或字勢橫撐，既見敧側秀拔的風姿，又有厚重偉岸的感覺，兼俱南朝秀美與北朝豪邁筆法的墓誌銘。元氏墓誌因此成為後來門第高貴、地位顯赫皇族墓誌的標準形制。

圖 5-3-8a：《元顯儁墓誌銘》1　圖 5-3-8b：《元顯儁墓誌銘》2
局部　　　　　　　　　　　　局部

（九）趙之謙楷書、行書、篆書介紹

趙之謙（1829~1884），清代著名的書畫家、篆刻家。改字撝叔，號悲庵、無悶。浙江紹興人。篆刻成就巨大，對後世影響深遠。近代吳昌碩、齊白石大師都從他那兒受惠良多。撝叔工詩文、擅書法，初學顏真卿，篆隸效法鄧石如，後自成一格，奇倔雄強。其藝術將詩、書、畫、印有機結合。書畫作品傳世很多，著《悲庵居》、《悲庵居士詩》、《六朝別字記》，行書有《梅花庵詩屏》、篆書有《饒歌冊》，印有《二金蝶堂印譜》。

　　楷書，氣象博大，剛健渾厚，一派北碑雄強之風。用筆多用折鋒，逆入平出，方中帶圓。遒勁渾圓，剛中有柔，結體茂密，峻拔爽朗，於飛動的筆勢中見沉雄。具體來說，他的書法初學顏真卿，後受包世臣推崇北碑論的影響，改以北碑為宗，又參以鄧石如隸書筆法，從而形成顏底魏面，獨具個性風貌。

　　行書，豪放粗獷的用筆遣墨，造就一個個大方不雕的形體，每個字彷如不自覺地流瀉，沒有絲毫刻意的跡象；章法上通過字裡行間的錯位、扭曲、穿插等對比手法，造成一股動盪激昂的氣勢，給人一種豪氣干雲的整體感。[1]

　　篆書，主要取法漢代碑額，又從鄧石如的隸法作篆，敢於創新！特別改變隸書由逆鋒下按的傳統筆法，而改用順著下筆的「折鋒」為起筆，因此產生十足的立體感。

圖 5-3-9a：趙之謙對聯〈猛志／奇齡〉楷書　　圖 5-3-9b：趙之謙對聯〈經緯／抑揚〉行書　　圖 5-3-9c：趙之謙〈史游急就章〉篆書

---

[1] 岳師倫，《八面鋒神—中國書法的意蘊》，（北京：北京大學出版社，2005 年版），頁 148~151。

（十）北魏《張猛龍碑》介紹

中國自明末清初地下文物出土漸多，考據學興起後，文人寫字也受其影響，崇尚質樸，流行一些厚重的碑楷、漢隸等古文字。《張猛龍碑》是魏碑方筆的代表。從清代楊守敬、康有為推崇北碑以來，《張猛龍碑》聲名鵲起，後世習碑楷者，無不以它為首選，以尋求寫字的滋養！康有為《廣藝舟雙楫·備魏》稱：「凡魏碑，隨取一家，皆足成體，盡合諸家，則為具美。」[2]又說：「六朝筆法，所以過絕後世者，結體之密，用筆之厚，最其顯著。而其筆畫意勢舒長，雖極小字，嚴整之中，無不縱筆勢之宕往。」[3]無論在書體的結構、用筆或形式變化，南北朝書法緊實、厚重、茂密，超越後代，當中又以張猛龍碑最為精彩。清末鄧石如提出字的間架布局當效「計白當黑」始能勻稱，這個概念尤其適合魏碑。於是，「吾於行書取《蘭亭》，於正書取《張猛龍》，各極其變化也。」[4]康有為選帖、練字，行書必然取王羲之《蘭亭序》為範本；至於楷書則以魏碑《張猛龍》為首選。

《張猛龍碑》書風：斜畫緊實、結字險峻；方筆為主，輔以圓筆，點畫俯仰，顧盼生情；又起筆多用逆鋒，行筆沉著穩健，勁道內涵，顯得特別雄強。與一般魏碑相較，那種字形橫勢，結體方扁的結構，《張猛龍碑》卻是縱向取勢，結體偏長，章法錯落——有行無列，顯得特別地剛健俊美！

---

2 清‧康有為，《廣藝舟雙楫》，收錄於《歷代書法論文選》，頁 807。
3 清‧康有為，《廣藝舟雙楫》，收錄於《歷代書法論文選》，頁 837。
4 清‧康有為，《廣藝舟雙楫》，收錄於《歷代書法論文選》，頁 834。

圖 5-3-10a：北魏《張猛龍碑》1 局部　　圖 5-3-10b：北魏《張猛龍碑》2 局部

（十一）王寵楷書、行書介紹

　　王寵（1494~1533）字履吉，號雅宜山人，明朝吳縣（今江蘇蘇州）人。王精小楷，尤善行草，師法虞永興、王獻之後自出己意。王雅宜行事作風鮮明，頗受時人推崇，與祝允明、文徵明齊名，號稱「吳中三子」。傳世書跡有：《遊包山集》、《小楷南華真經》、《前後赤壁賦》、《書王昌齡詩》、《自書石湖八絕詩卷》、《自書五憶歌》等。

　　書風可用「疏靈」一詞概括；「疏」是指其書體的結構特徵，古意盎然，近似章草；用筆淡泊高曠、神韻超逸。王寵作品，一字必有疏蕩空闊的布局；按照一般寫字，筆畫與筆畫交接多密合，但王寵偏以斷裂處理，使視覺形成停頓、出現虛白，筆畫若隱若現，線條節奏巧妙，有間歇變化的趣味。

他的運筆內斂，行筆緩、筆勢穩，點畫圓潤，給人一種工穩、緩慢、空闊、疏朗、潔淨、超逸等美感。王寵繼承晉人筆法和章草的韻味，點畫變化精微，無粗魯媚俗之氣息。

其行草氣息平和，乾淨利落，筆勢凝重洗鍊，字字獨立，互不相連，很少有連筆牽絲。章法上，從容大方，法度嚴謹，創作中常有幅度較大的提按。由於王寵活動於明代中葉，正是明代書壇極盛之時，他的行草一反當時放浪不羈的風格，運筆從容緩慢，用筆沉著，追求一種疏宕雅拙的韻味，以韻寫拙，而又「拙中見秀」、「拙中見雅」！[5]

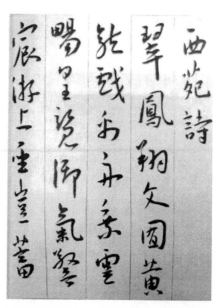

圖 5-3-11a：王寵楷書〈樂毅論〉局部　　圖 5-3-11b：王寵行書〈西苑詩〉局部

---

[5] 許裕常主編，《明代名家書法珍品‧王寵》（鄭州：中州古籍出版社，2018 年版），前言。

【模式五】

王寵楷書→張黑女墓誌銘→金文

◎實例

第五種模式：此乃為筆性初判線條穩健厚實者設計之教程。王寵擅長小楷，筆法內斂，行筆緩，筆勢穩，點畫圓潤，給人以工穩、緩慢、空闊、疏朗、潔淨、超逸的美感。他繼

承晉人筆法以及章草的韻味，點畫變化精微，無粗魯媚俗之氣。至於張黑女墓誌沒有石刻文字的生硬感，筆法圓潤、轉折流暢，撇捺自然，結體開闊穩定，魏碑中屬南朝秀美的風格一類。又，金文為古文字中的大篆，作為進階選項，可調和魏碑筆法偏方、拓展筆性的效果。

（十二）北魏《張黑女墓誌銘》介紹

墓誌，為魏晉六朝以來王公貴冑死後的喪葬明器，約為正方形的兩塊石頭，有誌石與誌蓋，上下合為一組，埋於地下的墓室，內容含誌文與銘文兩部分。誌文記載墓主的生平事功，銘文用來追思的頌揚詩歌。墓誌長埋地下，誌石因此保存完好，所鐫刻的字形鮮明，出土後常被視為書法學習的典範。

張玄，字黑女，墓誌出土時間不詳，清初為了避諱康熙帝玄燁之名，改以字號黑女稱呼。《張黑女墓誌銘》，北魏末期（531 年）作品，原石已佚，今本以清代何紹基（1779~1873）珍藏的唯一拓本流傳書壇。[6]此墓誌上的筆跡沒有石刻文字的生硬感，筆法圓潤、轉折流暢，撇捺自然，結體開闊穩定而引人注意。《張》誌屬魏碑中南朝風格，也是六朝書法魅力的頂點。

六朝楷書留傳至今，墨跡蕩然，惟石刻較多。碑楷風格多姿，與唐楷不同。學習書法如能從魏碑入手，可獲多元筆法養分，激發創作靈感，增加寫字的趣味。

---

[6] 大眾書局，《北魏墓誌銘》名家墨跡精選 4，（臺北：大眾書局版），頁 4。

圖 5-3-12a：《張玄墓誌銘》1 局部　　圖 5-3-12b：《張玄墓誌銘》2 局部

（十三）篆書、金文

「篆」與「傳」諧音，有綿延相傳、施之無窮的意思。最早篆字是周朝的金文；秦統一天下，基於「書同文」政策，始命李斯整理六國文字，減省筆畫而成「小篆」。戰國後期有「石鼓文」，是中國年代最久遠、文字最多的鼓狀刻石，至唐代始出土。計有十塊，屬大、小篆過度時期的產物。石鼓文已看不出象形文字痕跡，而是線條符號為結構，文字方整，線條飽滿，筆力堅勁，具渾穆天然的趣味，喻為「篆書之宗」、「中國書學之瑰寶」。[7]因此「篆書」種類依歷史演變，先後有西周金文（鐘鼎文）、東周戰國的石鼓文和秦朝小篆三種。

---

[7] 李蕭錕，《中國書法之旅》，（北京：中信出版集團，2018 年），頁 10。

　　金文，又名「吉金」，屬大篆。周代金文字數最多、史料最豐富的是《毛公鼎》，西周重要禮器之一，銘文近五百字，清道光年間出土，書風工整華麗，裝飾意味濃厚。其次《散氏盤》最具藝術價值，不居成法的線條、放任自由，西周厲王時器物，銘文有三百七十五字，清乾隆年間出土。[8]《散氏盤》的風格特殊，形式開張，有古拙趣味；與同時代規矩的金文不同，反與之前的甲骨文「對稱」形式書風，有著同樣的異趣。

圖 5-3-13a：「石鼓文」局部　　　圖 5-3-13b：「散氏盤」局部

---

[8] 岳師倫，《八面風神——中國書法的意蘊》，頁 4~8。

【模式六】

北魏墓誌銘→張即之李伯嘉墓誌銘→褚遂良倪寬贊

◎實例

第六種模式：此一教程由魏碑墓誌楷書入門，較之唐楷，筆力容易鍛鍊，且因結體寬博，字形亦顯穩健。而張即之書法，筆畫遒勁；褚遂良書跡《倪寬贊》，筆法瘦硬，參以行書，又寓以篆隸方法，能使筆勢婉轉流暢。學員由楷書到行楷，可感受兩者之差異，從而體現自我挑戰的趣味。

【模式七】

司馬顯姿墓誌銘→柳公權玄祕塔碑→褚遂良倪寬贊→雁塔聖
教序

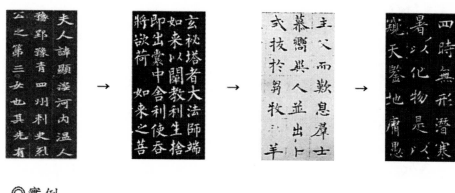

◎實例

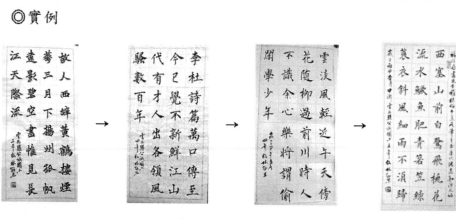

　　第七種模式，此乃經由筆性初判後線條粗重者之教程。
由魏碑入門，並參以柳楷，可收體勢寬狹變化之效。司馬顯
姿墓誌書法秀潤，筆力勁健；而柳公權用筆以骨勝，瘦勁而
不露骨，且溫潤可觀。至於褚書《雁塔聖教序》、《倪寬贊》
行楷書，妍媚超逸，空明飛動，用筆特色採行書筆意入楷，
方圓兼備；結體中宮收緊，四周舒展，為後世所推崇。學習
者若能掌握此一教程，書作必將呈現風采多姿的韻味。

（十四）北魏《司馬顯姿墓誌銘》介紹

　　《司馬顯姿墓誌銘》，北魏正光二年（521）所刻。1917年出土於河南洛陽。正書，即楷書，碑文共二十一行，每行二十二字。書法秀潤，筆力勁健，鐫刻精美，字口如新，為北魏墓誌中的精品。[9]

　　北魏書壇受南朝書風影響，處於向隋、唐楷書發展演變的過程。因此誌既有早期魏碑方峻模拙、天真活躍的意趣，又滲入南朝楷書圓潤細膩、瀟灑清秀的情態，屬於融合陽剛與陰柔於一體的書法風格。

　　學習魏碑，要以二吋大小字為宜，執筆懸腕或懸肘，五指齊力，萬毫齊發，力透紙背為要點。碑楷是拙中見美的一種書體，寧拙勿巧，運筆不可輕滑。由於六朝政權處於分裂年代，漢字未能統一，造成碑楷俗體、錯字、古文、奇字繁多，臨帖時，惟以藝術視角取其姿態，因循異體，而不必擅加改正。

圖　5-3-14a：《北魏司馬顯姿墓誌銘》1 局部

圖　5-3-14b：《北魏司馬顯姿墓誌銘》2 局部

9　大眾書局，《司馬顯姿墓誌銘臨習指南》名家墨跡精選 27，（臺北：大眾書局印），頁 1。

【模式八】

柳公權玄祕塔碑→顏真卿大唐中興頌→智永千字文→張即之
金剛經

◎實例

第八種模式：此教程適用筆性初判後線條纖細者之選
擇。開始時由柳體楷書入門以定其骨力，而後調以顏體以求
字形筋肉之豐厚，再以行書有「骨氣深隱」（蘇軾語）的智永
千字文活絡筆性；最後以提按分明的張即之行楷書以求其變
化。

【模式九】

歐陽詢九成宮醴泉銘→褚遂良倪寬贊→褚遂良雁塔聖教序→沈尹默南通朱銘山先生暨德配袁夫人七十壽序→宋徽宗瘦金體

◎實例

第九種模式：此臨摹教程計有五體，能在短時間內完成這五體名家的字體學習，其能力必然高超。入門時由歐楷定其筆法的基調，後由褚遂良行楷書求其筆性的靈活。由於沈尹默初學褚遂良，後遍習晉唐諸家，復興「帖學」，書體清圓秀潤中自有猷逸之姿。至於宋徽宗「瘦金體」書風秀麗、飄逸犀利。因此，教程中繼褚書後，再以沈尹默、宋徽宗瘦金體來拓展此類學書者之格局。

（十五）歐陽詢《九成宮醴泉銘》介紹

歐陽詢（557~641），字信本，唐朝潭州臨湘（今湖南）人，初唐書法「歐、虞、褚、薛」四家之一。曾任太子率更令，世稱「率更體」。歐楷法度森嚴，筆法險勁、猛銳長趨，後人推崇為「唐人楷法第一」。作品代表，楷書：《九成宮醴泉銘》、《溫彥博碑》、《化度寺碑》、《皇甫誕碑》、《房彥謙碑》。行書：《卜商帖》、《夢奠帖》、《張翰帖》、《定武蘭亭序》。草書：《草書千字文》。

歐書從「二王」入手，兼學魏碑方筆，用筆剛勁有力。唐朝張懷瓘《書斷》稱其：「八體盡能，筆力險勁，篆體尤精……森森若武庫矛戟。」[10]宋朝朱長文《續書斷》也說：「其正書，纖濃得中，剛勁不撓，有正人執法，面折廷諍之風。」[11]清朝朱履貞說：「歐陽正書，刻勵勁險，碑字偏於長。」[12]皆就歐楷險勁特徵而論；至於行書，朱履貞推崇歐陽詢《定武蘭亭

---

[10] 唐·張懷瓘，《書斷》，收錄於《歷代書法論文選》，頁 191。
[11] 宋·朱長文，《續書斷》，收錄於《歷代書法論文選》，頁 329。
[12] 清·朱履貞，《書學捷要》，收錄於《歷代書法論文選》，頁 602。

序》：「飄揚俊逸，曠絕千古。」[13]此外，歐陽詢還是傑出的書法理論家，這在中國書法史上，能像他理論與實踐完美兼具之人，並不多見！

《九成宮醴泉銘》唐朝貞觀六年（632）刻，碑銘由魏徵撰文，是歐陽詢75歲「人書俱老」時得意之作。筆力剛健遒勁，點畫精密、氣韻清朗靜穆。結體特徵，為「嚴謹峻峭、平正險勁」、「相背取勢，字形狹長」、「左緊右舒、撇歛捺長」。近人潘伯鷹稱讚此碑：高華莊重，法度森嚴，較多似方似圓處。其位置輕重，不能絲毫移易，一字一畫，都能為後世模範，影響之大，不下王羲之蘭亭序。[14]

圖5-3-15a：歐陽詢《九成宮醴泉銘》局部

圖5-3-15b：歐陽詢《溫彥博碑》局部

---

13 同上，頁606。
14 顧建平編，《九成宮醴泉銘臨習指南》，（臺南：大眾書局，1992年版），頁13。

圖 5-3-15c：歐陽詢《夢奠帖》　　圖 5-3-15d：歐陽詢《張翰帖》局部
局部

　　觀察上述九種教程，呈現出適性選帖、反覆深化、交叉運用的臨摹特質。又所舉實例中，同樣一位學員從入門到進階，逐年習寫不同的字帖，其成長的軌跡明顯，書法程度之高低，不難看出。

　　在這九項目標導向書法學習的系統設計，都是經過沈耿香多年的實踐和驗證，學員中有的從小二開始習書，也有晚至小五的，但沈老師都能依照學員們的秉性材質，引導他們選擇一條習書的方法，因此得以達到目標導向系統的學習成效。

第六章
自編輔助教材

　　教育心理學家布魯納（J.B.Bruner）提出「發現學習法」
（discovery method），主張施教者只要在教學場域中安排有
利於發現各種知識結構的情境，讓學習者主動發現吸取，為
一種有效的學習方式。[1]同樣地，沈耿香為配合學員的發展認
知，替學習者搭設各種鷹架，為了強化學習動機，於是自編
教材，幫助學員們達成更高遠的寫字目標。

　　書法是一門技術，所謂師父領進門，修行在個人。教師
的每次示範，學生從旁觀察並跟著模仿，或是學生臨摹字帖、
教師給予批改指示，都足以達成預設目標。沈耿香因應學習
者的才性不同，在教材上作出調整。她打破傳統的大班教學
統一教材而採適性化個別教學的自編教材，目的在發揮差異
性的學習成效。而這些教材多出自沈耿香的自運作品，是平
日研究所得、最能掌握及熟練的書體，將這些整理出來提供
學習者使用。沈老師自編的各類字帖，其筆法特色以及編輯
內容如何？本節將一一陳述。

一、沈耿香《王寵楷書研究與創作》

　　沈耿香《王寵楷書研究與創作》2005 年出版，臺中市正
大筆墨莊發行。作為「真味書屋」的補充教材，該書是經過
作者的精心編輯而成。她從王寵生平及書風介紹、王寵楷書
基本筆法、王寵楷書結構特徵、王寵楷書作品賞析，再到沈
耿香個人的得獎作品集錦、結語等六大節，具細靡遺地將自
己對王寵書法研究的畢生心得，編纂成 180 頁的書法字帖，
嘉惠不少學子。對於王寵的生平介紹，書中記載：

---

[1] 林進材，《有效教學─理論與策略》，（臺北市：五南書局，2005 年版），
　頁 83。

王寵，明朝書法家，吳縣（今江蘇蘇州）人。字履仁，
後字履吉，別號雅宜山人，與祝允明、文徵明並稱「吳
中三子」。王雅宜能詩文、善書畫、通六經，兼擅篆刻，
小楷尤其精湛，行草書疏拓超逸，自成一家，蜚聲當
時。著有《雅宜山人集》。可惜奇葩早凋，英年四十歲
就與世長辭。[2]

王寵書初學鍾繇，有晉人恬淡之趣；三十後專學虞世南，而
得其溫雅。運筆含蓄，不露鋒芒，以拙代巧，古樸高雅，書
風疏朗、空靈潔淨，頗能自出新意。再舉書帖中對「王寵楷
書結構特徵」的分析，以見沈耿香對王寵書法的熱衷。她說：

王寵楷書，字跡清朗，體勢伸展；筆法內斂含蓄，精
神外露，風采煥發；結體疏秀，天真爛然，頗有「鬆
散中有凝聚，方正中有傾斜」律動均衡之美感。[3]

她先將王寵楷書書風作一賞析後，便將王書的結構特徵區分
為十二，且每項都有圖示以及文字解說。這十二項分別是：
1.重心左傾、2.字形略扁、3.疏密有致、4.中心線曲折挪移、
5.向右下伸展、6.橫畫收筆保留隸意、7.橫畫覆蓋豎畫、8.鉤
法含蓄內斂、9.浮鵝鉤大轉彎成左傾之勢、10.抑左揚右、11.
橫畫輕豎畫重、12.行書佈局行氣自然。如此細膩分析出王寵
的楷書結構，若非對雅宜書法癡迷，恐怕也無此用心！沈耿
香陳述：

---

[2] 沈耿香，《王寵楷書研究與創作》，（臺中市：正大筆墨莊，2005 年版），
　頁 1。
[3] 沈耿香，《王寵楷書研究與創作》，（臺中市：正大筆墨莊，2005 年版），
　頁 8。

> 吾素喜王寵楷書以拙代巧、古樸高雅、超塵脫俗的獨
> 特風格及疏朗、超逸之美感。潛心研究,並累積個人
> 多年心追手摹,平日臨帖、讀帖、鑽研梳理、及師長
> 所傳授之理論與實務等心得體悟,揮運于毫端展現於
> 作品中。……跳脫唐朝楷書中心一貫之思維,挑戰有
> 行無列字勢攲斜、大小參差錯落的古樸書風。[4]

雖然說王字「有行無列,字勢攲斜、大小參差錯落」,但在不
拘泥之中自有一番審美趣味。沈耿香基於對於王寵楷書的熱
愛,潛心研習多年,從中吸取營養,收穫也就最大。她以此
發揮在書法教育上,所指導的學員亦多能以王雅宜書風參賽,
而且得名者不計其數,可見其推展之成效。《王寵楷書研究與
創作》因此成為「真味書屋」書法教學第一本重要的自編材
料。

圖 6-1a:沈耿香《王寵楷書研究與創作》封面

圖 6-1b:沈耿香王寵書作內頁 1

圖 6-1c:沈耿香王寵書作內頁 2

---

[4] 沈耿香,《王寵楷書研究與創作》,(臺中市:正大筆墨莊,2005 年版),
頁 22。

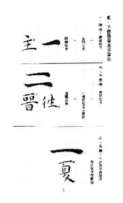  

圖 6-1d：沈耿香王寵　　圖 6-1e：沈耿香王寵筆　　圖 6-1f：沈耿香王寵
筆法分析─橫　　　　　法分析─捺　　　　　　楷書結體分析

二、沈耿香《北魏墓誌簡析與創作》

　　沈耿香《北魏墓誌簡析與創作》2014 年出版，雲林縣斗
六市元祥行發行。本書帖作為「真味書屋」楷書學習的補充
教材，內容包含兩個部分：一是沈耿香個人對魏碑進行的系
統性研究，分析了墓誌書跡：元楨墓誌、元弼墓誌、元羽墓
誌、元詳墓誌、給事君夫人墓誌、元顯儁墓誌、司馬昞妻孟
敬訓墓誌、元珍墓誌、王誦妻元氏墓誌、刁遵墓誌、元新成
妃李氏墓誌、崔敬邕墓誌、元瑛妻穆玉容墓誌、司馬昞墓誌、
司馬顯姿墓誌、元祐妃常季繁墓誌、李超墓誌、肅宗昭儀胡
明相墓誌、張玄墓誌等十九種的作品形制、書刻年代、書風、
出土時間與地點等內容；另一部分則是她對《元珍墓誌》的
臨寫心得與示範說明。

　　《北魏墓誌簡析與創作》書中記載：

　　　　南北朝是隸書向楷書發展的過渡時期。尤其在北朝時
　　　　代，刻石立碑風氣盛行，留下的北碑楷書風貌多采多

姿，數量可觀……。墓誌是附葬品，將死者的姓名、
籍貫、世系、仕宦及生平主要事蹟，刻於方形的石塊，
埋於墓穴中。[5]

這些刻石原屬墓誌，過去由於長埋地下，因能保存良好。出
土的誌石上書跡鮮明，點畫豐富，氣象萬千，作為楷書學習
的典範，魏碑筆法實比唐楷更加容易入手臨摹。

　　若從沈耿香書法展覽的作品觀察，沈的筆畫厚重，結體
大氣，力道磅礴，無疑受魏碑影響甚深。而「真味書屋」學
員們平日從魏碑獲取的滋養自然較多，作品常以碑楷作為臨
摹或比賽的標的，應該是受耿香老師影響的緣故。

　　《北魏墓誌簡析與創作》作為「真味書屋」書法教程的
補充教材，和坊間拓印不清的古帖相較，正可收截長補短、
相互參照的功效。

圖 6-2a：沈耿香《北　圖 6-2b：墓誌書作 1　圖 6-2c：墓誌書作 2
魏墓誌簡析與創作》
封面

---

[5] 沈耿香，《北魏墓誌簡析與創作》，（斗六市：元祥印刷，2014 年 7 月
版），頁 3。

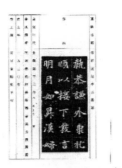

圖 6-2d：元顯儁墓誌
簡析　　　　圖 6-2e：元新成紀李
氏墓誌簡析　　　圖 6-2f：張玄墓誌
簡析

　　沈老師除了自運的兩本補充教材《王寵楷書研究與創作》、《北魏墓誌簡析與創作》，更精心編選了元朝趙孟頫的《三門記》和《赤壁賦》、宋朝徽宗的《千字文》、清朝趙之謙的《趙之謙楷書集》、《趙之謙行書集》、《趙之謙篆書集》等其他重要法帖，提供學員習字之用。

三、沈耿香編《趙孟頫三門記》、《趙孟頫前赤壁賦》

　　趙孟頫（1254~1322），字子昂，號松雪，湖州（今浙江吳興）人。宋太祖趙匡胤第十一世孫。趙孟頫博學多才，能詩善文，工書法、精繪藝、善金石，其中以書法和繪畫成就最高。史稱他擅長篆籀分隸真行草書，尤以楷、行著稱於世。又楷書與唐代歐陽詢、顏真卿、柳公權齊名，號稱「楷書四大家」。[6]清人馬宗霍《書臨藻鑒》云：「元之有趙吳興亦猶晉之右軍，唐之魯公，皆所謂主盟壇坫者。」[7]可見其書史上之地位。

---

[6] 杜浩主編，《元趙孟頫前後赤壁賦、洛神賦》，合肥：安徽美術出版社，2018 年，序。

[7] 清・馬宗霍，《書臨藻鑒》，收錄於《近人書學論著》，（臺北：世界書局，1974 年版），頁 255。

　　趙的楷書源出唐代李北海；也有一說：「松雪作書，初規
模鍾元常，後欲展大字，乃入李北海，而終主于右軍。」[8]因
此，其用筆圓潤、平淡天然、沉著典雅、字勢流暢，形體雖
然開張，而更見嚴整精工，是宋朝以後最得「二王」神韻的
書法家。

　　《三門記》全名《玄妙觀重修三門記》，大楷。明人李白
華讚譽此帖具有唐李北海的鴻朗，徐浩的厚重，顏真卿的精
神，譽此為「天下趙碑第一」[9]，歷來公認為趙書大楷的代表
作品之一。沈耿香選錄趙孟頫《三門記》（圖 6-5a、5b、5c）
作為「真味書屋」高級班學員的臨摹法帖，可見其用心與洞
見。

圖 6-3a：沈耿香編《趙　　圖 6-3b：趙書《三門　　圖 6-3c：趙書《三門
孟頫三門記》楷書封　　　記》1　　　　　　　　記》2
面

　　蘇軾《前後赤壁賦》是宋朝文學史上最膾炙人口的文賦
傑作，與歐陽修《秋聲賦》並列，也是書法家們熱衷傳抄的

[8] 清‧馬宗霍，《書臨藻鑒》，頁 260。
[9] 清‧馬宗霍，《書臨藻鑒》，頁 261。

名篇佳作。元代書法是一個以復古為創新的年代，諸家以唐人楷法為基礎，向上規模兩晉，形成一代風氣。而趙氏所書《前後赤壁賦》則是趙孟頫的行楷奇珍、經典的代表作。該帖分行布白疏朗，用筆圓潤遒勁，宛轉流美，風骨內含，神彩飄逸，可謂盡得魏晉流風遺韻。此帖寫於大德辛丑年（1301年），正值他中年精力充沛之時，神氣充盈，悠遊自在；全篇一氣呵成，筆法精到，被視為趙孟頫書作之「神品」。[10]沈耿香老師將它列為「真味書屋」高級班學員的臨摹材料，實為明智之選。

圖 6-3d：沈耿香編《趙孟頫赤壁賦》行書封面　　圖 6-3e：趙孟頫赤壁賦 1　　圖 6-3f：趙孟頫赤壁賦 2

四、沈耿香編《宋徽宗「瘦金體」千字文》

　　歷朝書法家臨寫千字文的法帖很多，南宋徽宗也不例外，但是他以獨創的「瘦金體」書之，寫來別具一格。

10　杜浩主編，《元趙孟頫前後赤壁賦、洛神賦》，合肥：安徽美術出版社，2018 年，序。

　　宋徽宗，名趙佶（1082~1135），神宗第十一子。他因迷信道教、怠於國事，導致國弱民貧，但雅好書畫，才華橫溢，聰明過人，在書畫史上留有盛名，是一位傑出的藝術家皇帝。徽宗「瘦金體」在書史與褚、顏、虞、柳互有千秋，不在李後主（李煜書法有「金錯刀」稱譽）之下。他的楷法，以骨氣風神取勝，一筆一畫，都見功力。作為一位帝王，書法雍容典雅，自稱「瘦筋體」，後來以「金」易「筋」，是文臣百姓對御書的阿諛奉承，於今「瘦金體」早已成為宋徽宗的代名詞。[11]

　　「瘦金體」書法特色是瘦勁挺拔，舒展遒麗，提按顯露，收筆時帶點捺，有如切刀，豎鉤細長內斂，連筆飛動而迅速明快。趙佶《千字文》是他二十三歲書賜童貫所作，氣勢流暢，飄逸靈動，書卷味濃厚。

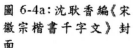

圖 6-4a：沈耿香編《宋徽宗楷書千字文》封面

圖 6-4b：宋徽宗《千字文》1

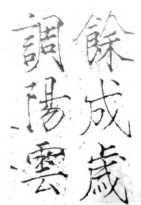

圖 6-4c：宋徽宗《千字文》2

---

11 馬壽三編，《宋徽宗瘦金體精華本》，臺北：天山出版社，民國91年，序。

五、沈耿香《趙之謙楷書集》、《趙之謙行書集》、《趙之謙篆書集》

趙之謙（1829~1884），清道光九年生於浙江紹興。幼年臨摹顏書，進而學習篆刻。繪畫山水、花鳥、蟲魚、人物，無所不精。篆刻初師丁敬，繼學鄧石如，筆意入印，渾厚嫻靜，開闢了篆刻的新天地。

書法各體皆能，初學顏真卿，後受包世臣、康有為北碑論影響，開始以北碑為宗，參以鄧石如隸法，形成「顏底魏面」的個人風貌。趙氏用魏碑寫行草書，雖然多用偏鋒，內力卻十分強勁，氣滿勢厚，有立體感。其史游的《急就篇》篆書，藏於北京故宮博物院，用筆沉靜瀟灑、結體莊重樸茂，方圓合於法度。趙氏篆書取法漢代碑額的拙趣，而於傳統折畫的逆鋒起筆，改以順鋒下筆，因此能別開生面。

由於沈耿香對趙之謙獨特的筆法研究深刻，將篆書、行書、楷書分別匯集出版，作為學員們晉級的教材。學習者若能善加利用，書法造詣必能提升，對於創作技法也會有所助益。

圖 6-5a：沈耿香編《趙之謙楷書集》封面

圖 6-5b：趙之謙楷書 1

圖 6-5c：趙之謙楷書 2

圖 6-5d：沈耿香編《趙
之謙行書集》封面

圖 6-5e：趙之謙行書
1

圖 6-5f：趙之謙行書 2

圖 6-5g：沈耿香編《趙
之謙篆書集》封面

圖 6-5h：趙之謙篆書
1

圖 6-5i：趙之謙篆書 2

結語：

　　教材是實踐教育目標的工具，也是班級經營的一環，學
者吳清山將它比喻為做菜，曾說：「教材的選擇猶如選菜，教
材的組織猶如配菜，教材的排列猶如上菜。」[12]這意味教材如

---

[12] 吳清山，《教育概論》，（臺北：五南圖書公司，2005 年），頁 203。

何設計、解釋和選用，關係著學習者消化、吸收以及學習的成效。

「真味書屋」的書法教程，除了初學者適性分流、多元選帖，先是採用坊間出版的字帖之外，待磨練到某一階段的資深會員，其進階教材則由沈耿香以自運、自編方式，提供他們深化學習，如此對於程度佳的學員才能激勵他主動探索、挖掘興味的自主學習能力。

若把書法學習比喻登山，所謂「一山還比一山高」，登上眼前的這座山坡，後面還有更瑰麗的寶山等待挖掘。沈耿香深切了解這樣的教育心裡，於是善於引導，為學習者的書法道路不斷架設鷹架，建立一個永不放棄、不斷精進的信念！而筆者觀察某些已經成年的學員，在後來的書藝表現，的確不負沈耿香期待，逐漸向年輕一代的書法家邁進。

圖 6-6 學員考核：用無格宣紙背臨

圖 6-7 學員考核：用九宮格毛邊紙對臨

第七章 「真味書屋」學習成效量化分析

「真味書屋」作為沈耿香兒童書法教育的推展基地，多年來為了滿足學習者持續學習的動能，沈老師鼓勵學員多參與各項比賽，以獲得自我檢視寫字成效以及改善的經驗。每當比賽成績揭曉，結果十分亮眼，終於辛苦有成，讓「真味書屋」的師生們雀躍不已。

因此，本篇最後一章，筆者以量化分析作出研究。首先提出問卷，從知識、技術與情意三方面了解學員在「真味書屋」的學習情況；其次根據比賽結果，作出各個面向的統計數據，然後從中觀察學員表現的特質；再從最近一次沈耿香師生書法展參與學員作品中的書體表現，回溯指導老師沈耿香的書學成就與所擅長的書法教學，以呈現「教學相長」的論述依據，情況如下：

第一節　學員問卷回饋

針對沈耿香兒童書法教育推廣融入「適性教學」的教學模式，筆者依認知、技能與情意三方向，各擬定 6 道題，一共 18 項的問題請學員們作答，其目的在進一步驗證「真味書屋」學員的學習成效。

認知，是指學習者對所學科目了解的程度與相關的知識，知識愈深，愈有利於教師的講解、示範與說明，相對地個人的學習速度也就愈快。技能，不同於理論上單純的認知，它關係實際操作的能力與否。至於情意，則是一種態度，教育專家謝名娟、程峻指出學生的態度比認知能力更為重要。因為它是可以讓人成功的特質，也就是學生是否能具有追求

長期目標的熱情與堅持,即使在遭受困境失敗後,仍能堅持這樣的長期目標。[1]有鑑於此,筆者嘗試以此探求「真味書屋」學員們在沈耿香有系統、有技法、有引導的教學策略下,是否真能朝向目標,堅持到底!

一、問卷內容

親愛的受訪者:你們好!

　　這是一份書法「適性教學」的成效問卷,要了解你在「真味書屋」學習書法關於認知、技能與情意三方面的狀況,採無記名方式填寫,僅供研究,請放心填答。

國立臺中科技大學　應用中文系

張致苾　敬謝 2019 年 10 月

第一部份　個人資料

1.你的性別:□男 □女

2.你的年齡:□10 歲以下 □11~15 歲 □16~20 歲 □21~25 歲
　　　　　　□26 歲以上

3.請問你在「真味書屋」學習多久時間:
　□不到 1 年 □2 年 □3 年 □5 年以上

4.請問你參加書法比賽得獎的次數:
　□0 次 □1 次 □2 次 □3 次以上

---

[1] 謝名捐、程峻,《素養島項評量理論與實務》,(臺北:元照出版社,2021 年版),頁 51。。

第二部分　學習認知（從 1~4 給分，由左到右：1 不能、2 普通、3 可以、4 精熟）

1.我能了解「永字八法」的意義：□

2.我能熟知入門法帖的基本筆法：□

3.我能認識篆、隸、楷、魏碑、行的各種書體：□

4.我能了解「讀帖」的意義，下筆前並分析字形結構等特徵：□

5.我能辨識字帖上一般字形與異體字的差異：□

6.我能知道書法作品有不同的表現形式：（如：條幅、中堂、對
　聯…）：□

第三部份　技法能力（從 1~4 給分，由左到右：1 不能、2 普通、3 可以、4 精熟）

1.我能正確的臨寫字帖：□

2.我能留意筆法、結構、章法，完整寫完一幅作品？：□

3.我會運用書法能力認知寫成一幅春聯？：□

4.我能在 60 分鐘內寫完一幅 28 字的作品？：□

5.我能依照筆法、結構、章法三要素完成比賽作品：□

6.我能精熟 2 種以上的書體：□

第四部份　情意取向（從 1~4 給分，由左到右：1 不能、2 普通、3 可以、4 精熟）

1.我在學習書法後，能改善自己原先難看的硬筆字形：□

2.我在學習書法後，比較能冷靜面對外在的事物：□

3.我能在「筆性初判」後選擇出自己喜歡的字帖練習：☐

4.我能在「適性教學」下寫出理想或漂亮的字：☐

5.我能在「筆性初判」、「適性教學」中，維持學習書法的興趣：☐

6.我能在學校畢業後繼續維持寫字的熱情與動力：☐

感謝完成作答！

二、問卷分析

「真味書屋書法適性教學」問卷成效及分析情況：

Q1.個人資料　性別？

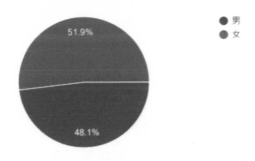

個人資料 性別

27 則回應

分析：27份問卷中，男女生比例為女：51.9%，男 48.1%。即女性有 14 人，男性為 13 人，顯示「真味書屋」學員對於書法學習的興趣與愛好差不多，男女人數不相上下。

Q2.個人資料　年齡？

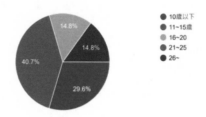

個人資料 年齡
27 則回應

● 10歲以下
● 11~15歲
● 16~20
● 21~25
● 26~

分析：根據圖示，「真味書屋」的學員以 11~15 歲最多，有
11 人，占比達 40.7%，其次為 10 歲以下，有 8 名，占比 29.6%。
這兩個年齡層分別屬於國小中、高年級的學生，以及國小低、
中年級的學生。從此七成人數來看，臺灣社會的一般家庭父
母親還是很重視傳統的經典教育，願意栽培孩子學得一技之
長。

Q3.請問你在「真味書屋」學習多久的書法？

在珍味書屋學習多久
27 則回應

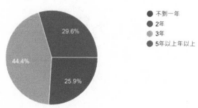

● 不到一年
● 2年
● 3年
● 5年以上年以上

分析：從圖示看，來「真味書屋」學習的成員，有 12 人學書
時間在三年以上；還有 8 人更長達五年，表示學員對於沈耿
香書法教育的認同，始終如一，不改對書法的興趣與愛好！

Q4.請問你參加書法比賽得獎的次數？

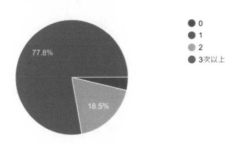

分析：從 27 名受試者中，在「真味書屋」多有二至五年的學
書歷程，學員已從入門，晉級為具比賽資格的實力，因此多
數填答都有 2 次以上的比賽經驗，甚至其中的 21 位（占比
77.8%）參與過 3 次甚至更多的賽事，學員願意再三「披甲上
陣」，沈耿香的鼓勵及家長的支持，占有重要因素。

Q5.我能了解「永字八法」的意義？

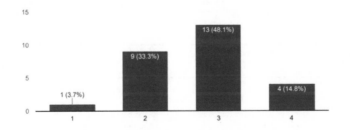

分析：由於書法傳承自古代，有些用詞較為文雅，問及學童
「永字八法」有哪些？又分別有甚麼稱呼？受試者也許答不
清楚，勾選第二「普通」的人有 9 名（占比 33.3%），填答
第三「可以」的有 13 人（占比 48.1%），至於「精熟」的第
四選項，則僅 4 人（占比 14.8%）。雖然知識面的專業術語

不明白，並不影響學員的學書成效。顯示沈耿香教學的務實性，以技法優先，以知識為輔，不致讓學員產生太大的壓力，做到願意寫字為目標！

Q6.我能熟悉入門法帖的基本筆法？

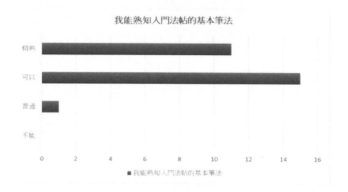

分析：「真味書屋」學員在習得基本筆法之後，沈耿香施予「筆性初判」，然後建議書體與臨摹的字帖。選定好字帖後，老師個別示範，並導入臨帖須知，包括筆法、結構、字形等特徵。在受試中問及是否熟知入門法帖的基本筆法，有 15 人（占比 55.6%）選擇第三項「可以」為最多；選擇第四項「精熟」者 11 人（占比 40.7%）居其次，兩者占已有 96.3%，可見學童的學習態度正向而認真。

Q7.我能認識書法（篆、隸、楷、魏碑、行書）的各種書體？

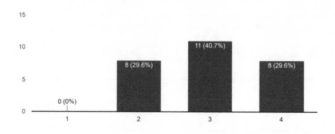

分析：沈耿香書法教學，乃以楷書為基礎，以行書為應用，而後再依情況加入其他書體為挑戰。從圖表顯示，受試者中有 11 人選擇第三項「可以」（占比 40.7%），8 人選擇第四項「精熟」（占比 29.6%），8 人選擇第二項「普通」（占比 29.6%），沒有人選擇第一項「不能」，可見學員因接觸的字帖多，對於書體的認識也比較高！

Q8.請問你在寫字前，能細心讀帖，分析每個字的結構特徵？

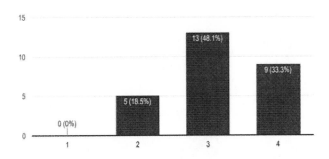

分析：受試者中，施教者平時給予的教育，學員多能落實在下筆前的「讀帖」工夫上。從圖示中，有 13 人（占比 48.1%），將近一半，填答第三項「可以」；9 人（占比 33.3%）填答第四項「精熟」，即寫字前絕對做到「讀帖」，可知學員所受到的訓練程度。

Q9.我能辨識字帖上一般字形與異體字的差異？

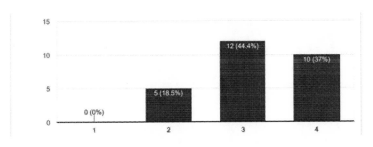

分析：中國魏晉南北朝是一個分裂的時期，碑帖上的異體字很多。「真味書屋」學員在筆性初判下，沈耿香常以魏碑作為入門基礎，學員是否能辨識異體字的差異？在受試者中，12人填答第三選項「可以」（占比44.4%），10人答以第四選項「精熟」（占比37%），兩項合計，有八成以上的學員對於「異體字」，並不會造成書法學習的困擾。此亦揭示：漢字的圖象性，可以突破語文的藩籬而顯現它藝術的本質，故有利於書法學習。

Q10.我能辨識書法作品的表現形式：（條幅、中堂、對聯…）？

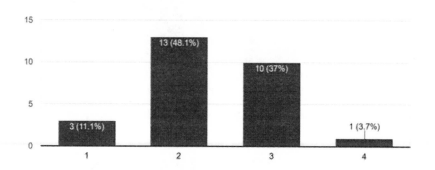

分析：書法作品的形式有中堂、條幅、對聯、斗方、鏡面、橫披、扇面、手卷、冊頁等，這些認知在一般學習者都不容易，何況小學生。從圖示看，「真味書屋」受訪者中，選填第二項「普通」以及第三項「可以」，合計23人，（占比分別是48.1%和37%），隨著參賽經驗的增加以及作品表現，超過八成五學員已有基本的常識。

Q11.我能正確臨摹字帖？

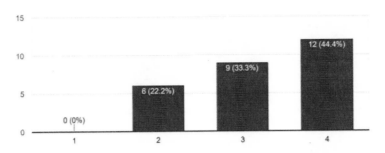

分析：自古學習書法者無不主張從臨摹入手；「臨」有對臨、意臨之不同。臨的正確與否？筆法、位置、結構為關鍵。從圖示中，受試者選擇多集中在第三項「可以」及第四項「精熟」，人數合計 21 名，占比分別為 33.3%和 44.4%，顯示達七成七的學員對正確臨摹，都有十足的信心。

Q12.我能留意筆法、結構、章法，完整寫完一幅作品？

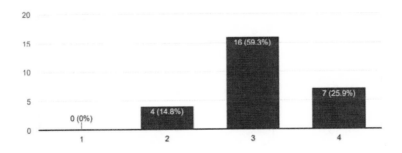

分析：從圖示中，「真味書屋」受試的 27 位學員中，有 16 人選填第三項「可以」（占比 59.3%），有 7 人選填第四項「精熟」（占比 25.9%），兩項占全體的八成五，似乎這嚴謹的寫字要求，要能兼顧筆法、結構、章法，對於年輕的他們並不困難。

Q13.我會運用書法能力認知,寫成一幅春聯?

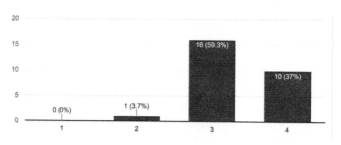

分析:寫春聯是中國自古傳統的民俗,也是華人社會過年的
重要活動。在聯紙寫上吉祥話,除了展示藝術氣息,好兆頭
似乎還能籠罩一整年,因此受到國人的珍愛。「真味書屋」
的日誌簿也都安排寫春聯的課綱——楷書、行書、對聯三項
輪替。從圖表中,27 位學員就有 26 人選擇了第三項「可以」
和第四項「精熟」,占比分別為 59.3%和 37%,合計 96%的
學員都能寫春聯,可見其平日的訓練!

Q14.我能在 60 分鐘內寫完一幅 28 字的作品?

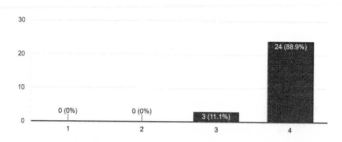

分析:沈耿香書法教學,經常鼓勵學員參與賽事,除了爭取
榮譽,也藉機提升自己的書法造詣。圖表中 27 名受試者,高
達 24 位(占比 88.9%)毫不猶豫選填了第四項「精熟」,表
達絕對可以在 60 分鐘內完成一幅 28 字的作品。古人說「養

兵千日，用在一時」，又「十年磨一劍」，「真味書屋」的
學員平時訓練有素，因此要在 60 分內完成一幅 28 字的作品，
不是難事！

Q15.我能依照筆法、結構、章法三要素完成比賽作品？

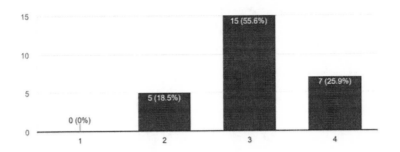

分析：承上題，「真味書屋」學員多能在 60 分鐘裡完成 28
字的比賽作品，而且名次常在五名內，以此推求學員們平日
的訓練，必然包括筆法、結構、章法三要素。圖示中，有 15
位學員選填第三項，表達「可以」（占比 55.6%）；有 7 位
同學選填第四項「精熟」（占比 25.9%），兩者合計高達八
成一的學員，都能充分展現實力，爭取優異成績！

Q16.我能精熟兩種以上的書體？

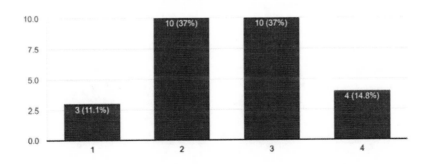

分析:「真味書屋」學員在沈耿香有目標、有系統的嚴格培訓,不只能寫一種書體,參加賽事的選手更要兼具兩種以上的書體實力。圖示中,四種選項大致落在第二「普通」和第三「可以」,各有 10 人,占比分別為 37%和 37%,第四選項「精熟」也有 4 人,占比為 14.8%。因此,一半以上的學員都有書寫兩、三種書體的能力,可謂人人身懷絕技!

Q17.我在學習書法後,能改善自己原先難看的硬筆字形?

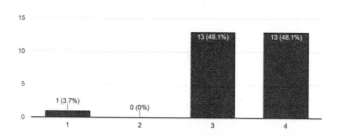

分析:毛筆與硬筆字的書寫材料雖然不同,但漢字的結構造型與字形之美卻一致。圖表中,27 位學員中各有 13 名與 13 名(占比 48.1%和 48.1%)選擇了第三「可以」和第四「精熟」兩項,占全部學員的 96.2%,大家無不認為練習書法的好處,也可以改善在硬筆字的書寫上面。

Q18.我在學習書法後,比較能冷靜面對外在的事物?

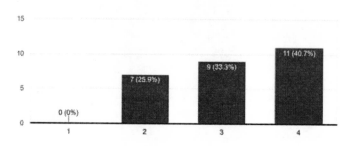

分析：書法是一門需要注意力集中的書寫藝術，寫字當下心無旁騖，才能正確「讀帖」，運筆適當，寫出好看的字。到「真味書屋」學習的學員，多有兩年以上的經歷，早已養成沉著寫字的心態。從圖表中不難看出，學員選項多分布在第三「可以」和第四「精熟」之間，占比為 33.3% 以及 40.7%，可見學習書法對於應待人接物的處世功效不少！

Q19.我能在「筆性初判」後選擇出自己喜歡的字帖練習？

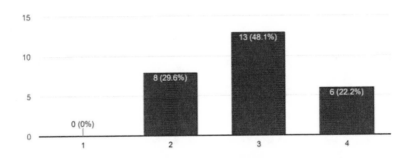

分析：「筆性初判」為沈耿香針對學員所實施的書法教學特色，從筆性中觀察，推薦給學員合適練習的書體與字帖。圖示中，受試者有 13 名選擇第三項「可以」（占比 48.1%），6 名選擇第四項「精熟」（占比 22.2%），兩者皆表達頗能接受目前所練習的書體與字帖。雖然也有 8 名或許不能確認自己對書體的愛好，而選擇了第二項「普通」（占比 29.6%），但從整體觀察，學員們一經選擇了字帖，多能勇往直前，臨摹不輟！

Q20.我能在「適性教學」下寫出理想或漂亮的字？

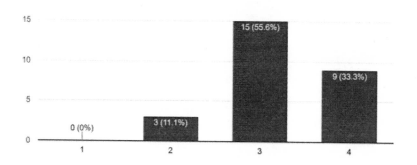

分析：「適性教學」教學模式是以學生為本位，重視每個人的能力差異而因材施教。沈耿香從事書法教育推展，所主持的「真味書屋」，就是一個典範。圖表中，受試者有 15 名（占比 55.6%）選填第三項「可以」，以及 9 名（占比 33.3%）選填第四項「精熟」，表達在沈耿香適性教學模式下學習，能夠寫出理想或漂亮的書體。

Q21.我能在「筆性初判，適性教學」下，繼續維持寫字的興趣？

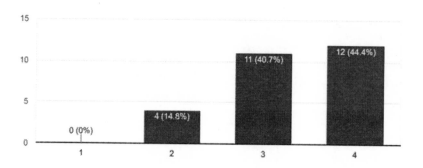

分析：「筆性初判」，「適性教學」是兩個相互關聯的教學策略，沈耿香從事書法教育推廣，先以筆性初判，然後繼以適性教學。從圖表看，「真味書屋」受試者，有11名選擇第三項「可以」（占比40.7%）以及12名選擇第四項「精熟」（占比44.4%），表達自己在此方針下學書，可以保有繼續寫字的興趣。

Q22.我能在學校畢業後繼續維持寫字的動力？

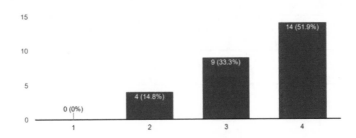

分析：書法是一門技藝，想要成功，必需持之以恆。國小階段的課業尚屬輕鬆，練習書法較無困難；一旦升學，課業壓力重了，仍能保有練習寫字的心態，便要受到挑戰。從圖示看，受試者的年紀有大有小，其中9名選擇第三項「可以」（占比33.3%），14名選擇第四項「精熟」（占比51.9%），八成以上的人都表達了自己在國小畢業後也能維持寫字的動力，可見施教者的成功！

第二節　學員比賽績效（2016~2019）

　　根據資料顯示，2016~2019四個年度的各項比賽成績，經沈耿香輔導的學員，參加人次達377名，再依各項指標與競賽項目，做出統計表如下：

表一：民國 105~108 年「真味書屋」學員比賽得獎人數統計

得名級別 統計	不分組	低年級	中年級	高年級	國中普	國中美	人數
105 年	3	3	5	2	3		16
106 年		15	64	49	24	3	155
107 年	4	11	45	33	8	5	106
108 年			20	15	5		40
年級人數	7	29	134	99	40	8	317

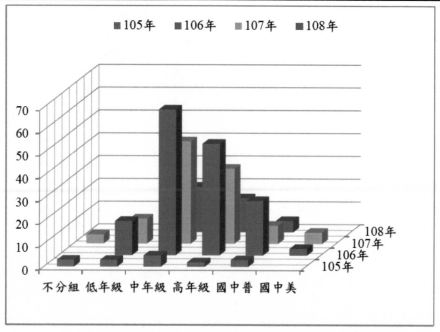

分析：人的一生當中，以孩提時代最能受到父母親的關愛，在國小階段受到栽培，學習才藝的機會也最大。表中顯示孩童在國小低年級習得漢字後，還沒來到升學壓力的高年級前，以中年級的參賽者最多，累積民國 105~108 年共計 134 人次；

其中又以 106 年參賽的最積極，中年級學生達 64 名，占該年總人數 155 將近一半。顯示「真味書屋」每年參賽的主力以這個階段的學員最多，而教師所付出的心力也最大，因此成效明顯卓著。而 105~108 四個年度的高年級學員人數占比次多，總計 99 名。再看國中得獎人次，由於課業壓力重了，能夠延續國小階段繼續參加比賽者不多，普通班有 40 人、美術班有 8 人，雖然相對國小階段，人次減少了，單就 106 年還能有 24 人，成效已經難能可貴！

表二：民國 105~108 年「真味書屋」學員比賽分級得獎人數統計

得名級別統計	國小組	國中組	高中組	大專組	教師組	社會組	長青組	年度得獎人數
105 年	13	3	3	2	1	3		25
106 年	128	27	13	4		7	5	184
107 年	93	13	8	1	1	2		118
108 年	35	5	1	6		3		50
名次人數	269	48	25	13	2	15	5	377

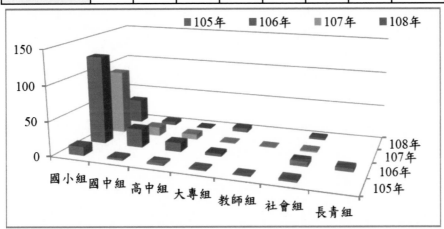

分析：民國 105~108 年總參加的學員，年紀從國小生到社會
人士，在指導老師的鼓勵下，紛紛投入比賽，其中又以民國
106、107 兩年為大宗。以立體圖顯示，學員以國小生人次占
最多，其次國中、高中，再次大專，逐級遞減，但到了社會
組又有回升現象。究其原因，應該是在新鮮人剛步入職場，
一切還在摸索適應中而無暇他顧，等到物質條件滿足了，開
始有餘力追求精神涵養，才又找回個人興趣、恢復藝文活動，
想藉此來肯定自我。從「真味書屋」的親子組父母的心得回
饋中，就有父母親陪同孩子學習書法，自己所幸也投入練字
的行列，即是因為想找回童年的記憶。而在 106 年表列中，
甚至有 5 名長青組人士參賽而得獎，勇氣可嘉，更令人敬佩。

表三：民國 105~108 年「真味書屋」學員比賽各項名次統計表

各獎項年度得名統計	入選	第六名	第五名	佳作	第四名	第三名	優等	第二名	第一名	各年度得名總人數
105 年	0	0	0	8	0	6	6	3	2	25
106 年	5	0	4	106	5	13	36	5	10	184
107 年	8	5	3	49	1	16	22	8	6	118
108 年	0	0	3	10	5	6	20	4	2	50
各分項四年合計數	13	5	10	173	11	41	84	20	20	377

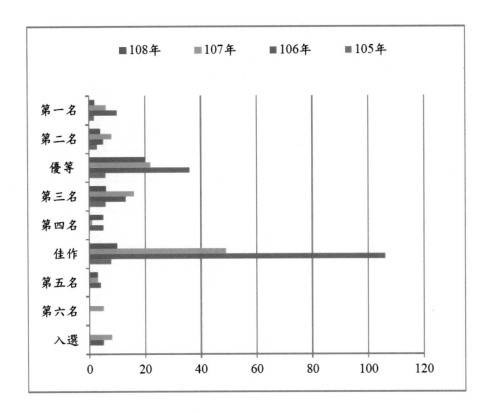

分析：由於不同單位所舉辦的書法比賽，獎項名稱不同，有的以等第一、二、三來命名，也有以優等、佳作、入選來分級，於是在統計上便產生困擾。為了整合這四年「真味書屋」學員得獎名次之占比，筆者分別把優等、佳作、入選穿插在第（一、二）名、第（三、四）名、第（五、六）名之間對比觀察。結果得出，四個年度以獲得佳作成績者偶而較高之外，普遍來說還是以優等的成績者最多、也最為亮麗。尤其108年，因為入門的學員在「真味書屋」受過長時間的訓練，獲得的成績自然也就最突出：獲得前兩名及優等的人數，高於三、四名及佳作的學員人數，證明沈耿香的教學成效顯著。

表四：民國 105~108 年「真味書屋」學員參加全國或地方性
獎項人數占比

參賽年度	地區人數	全國人數	總計年度得獎人數
105 年	25	0	25
106 年	35	149	184
107 年	68	50	118
108 年	0	50	50
名次人數	128	249	377

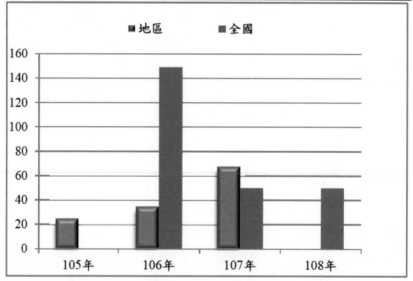

分析：藝文活動是一個國家文化的表徵，隨著中央政策及地
方建設而蓬勃發展，國人的生活水準也不斷提升。許多公民
營企業、宗教團體基於社會責任與善念，每年舉辦各項書法
比賽。根據資料顯示，「真味書屋」歷年參賽獲獎的學員很
多，這四年共累積 377 人次。而這些舉辦的單位，有全國性、

也有地區性，如：國語文競賽、縣立（全國）學生美術比賽、慈龍盃、杉林溪盃、公誠盃、中原盃等。從圖表顯示，這四年學員報名的單位，105 年以地方性居多，隨著參賽經驗的累積，至 108 年幾乎就集中在全國性的書法比賽。如果說地區性比賽競爭弱、容易得名，相對於全國性比賽高手多、得名不易，圖示正說明「真味書屋」學員參加全國性得獎的成績，逐年向上躍升。而 106 年度參賽的學員，報名及得獎人次也特別多，參加全國性競賽者的占比遠遠多過地方性，尤其值得喝采。

後記：由於本篇論文，為筆者自民國 108 年即開始著手撰寫，當時已先行整理四年（民國 105~108 年）之統計資料，雖如今有更新的比賽成績，但同屬「真味書屋」的學習成效，學員的競賽績效只有更好，人次累積自然更多，唯不同的是所分布的獎項更細緻而多元，占比其實差異不大，也就省去更新的處理！

第三節　學員作品書風表現

沈耿香以「目標導向學習九項系統」來推動書法培育後進，學員的書法學習成效如何？又以何種書體最為擅長？筆者根據 2021 年公誠國小綠光藝廊「沈耿香師生書法展」九十五件參展學員的作品進行統計，歸納情形如下：

表五：2021 年公誠國小綠光藝廊「沈耿香師生書法展」學員作品
書風

2021 年公誠國小綠光藝廊「沈耿香師生書法展」學員作品書風一覽			
指導老師：沈耿香，金文、行書、篆書、楚簡、王寵楷書各體皆備。			
組別	姓名	書體	書風
師資組	賴○亘	楷書	瘦金體
師資組	朱○甫	隸書	簡隸
師資組	賴○羽	楷書	魏碑
師資組	廖○甄	隸書	簡隸
師資組	廖○華	楷書	魏碑
師資組	廖○華	楷書	柳體
師資組	廖○華	楷書	歐體
師資組	簡○菊	楷書	魏碑
師資組	廖○佑	隸書	簡隸
親子組 1	黃○仁	楷書	王寵
親子組 1	徐○加	楷書	魏碑
親子組 1	黃○容	楷書	魏碑
親子組 1	黃○紘	楷書	魏碑
親子組 2	林○偉	楷書	魏碑
親子組 2	林○學	楷書	魏碑
親子組 2	林○均	楷書	柳體
親子組 2	林○均	行書	趙孟頫
親子組 3	李○馨	楷書	魏碑

親子組 3	曾〇霏	楷書	褚體
親子組 3	曾〇儒	楷書	魏碑
親子組 4	李〇賢	楷書	魏碑
親子組 4	李〇芸	楷書	魏碑
親子組 4	李〇蓉	楷書	柳體
親子組 5	莊〇絜	行書	趙孟頫
親子組 5	沈〇希	楷書	王寵
親子組 5	沈〇圻	楷書	柳體
親子組 6	徐〇襄	楷書	王寵
親子組 6	陳〇叡	楷書	魏碑
親子組 6	陳〇安	楷書	魏碑
親子組 7	劉〇如	行書	趙孟頫
親子組 7	賴〇芯	楷書	王寵
親子組 7	賴〇晴	楷書	柳體
親子組 8	吳〇娟	楷書	魏碑
親子組 8	吳〇蓬	楷書	魏碑
親子組 9	林〇卿	楷書	柳體
親子組 9	黃〇翔	楷書	柳體
成人組	張〇瑜	楷書	褚體
成人組	張〇秀	楷書	王寵
成人組	邱〇哲	楷書	魏碑
成人組	簡〇華	楷書	王寵
成人組	李〇興	楷書	歐體
成人組	沈〇貴	楷書	智永

成人組	王○峻	隸書	乙瑛碑
成人組	韓○津	楷書	智永
國小組（高）	黃○芯	楷書	柳體
國小組（高）	黃○楷	楷書	魏碑
國小組（高）	邱○忻	楷書	王寵
國小組（高）	黃○芷	楷書	魏碑
國小組（高）	高○婷	楷書	魏碑
國小組（高）	嚴○慈	楷書	魏碑
國小組（高）	蘇○逸	楷書	魏碑
國小組（高）	張○和	楷書	魏碑
國小組（高）	廖○濟	楷書	魏碑
國小組（高）	張○綾	楷書	歐體
國小組（高）	陳○容	楷書	魏碑
國小組（高）	王○心	楷書	魏碑
國小組（高）	林○瑜	楷書	魏碑
國小組（高）	郭○吟	楷書	魏碑
國小組（中）	黃○程	楷書	王寵
國小組（中）	黃○蕎	楷書	魏碑
國小組（中）	吳○庭	楷書	魏碑
國小組（中）	黃○霈	楷書	王寵
國小組（中）	嚴○嫚	楷書	魏碑
國小組（中）	吳○洋	楷書	柳體
國小組（中）	張○容	楷書	魏碑
國小組（中）	房○凡	楷書	魏碑

國小組（中）	林〇崲	楷書	魏碑
國小組（中）	張〇嘉	楷書	柳體
國小組（中）	林〇呈	楷書	魏碑
國小組（中）	林〇楷	楷書	柳體
國小組（中）	王〇鴻	楷書	魏碑
國小組（中）	王〇淵	楷書	魏碑
國小組（低）	邱〇妍	楷書	魏碑
國小組（低）	林〇任	楷書	魏碑
國小組（低）	賴〇瑜	楷書	柳體
國中組	林〇妍	楷書	褚體
國中組	蕭〇宗	楷書	魏碑
國中組	蕭〇銘	楷書	魏碑
國中組	張〇宜	楷書	褚體
國中組	程〇霖	楷書	王寵
國中組	林〇儒	楷書	褚體
國中組	王〇文	行書	二王
高中組	賴〇琳	楷書	褚體
高中組	林〇廷	楷書	魏碑
高中組	張〇盈	楷書	王寵
高中組	林〇恩	楷書	褚體
高中組	鄭〇淇	楷書	智永
大學組	林〇祐	篆書	石鼓文
大學組	吳〇菱	楷書	魏碑
大學組	程〇智	行書	二王

大學組	賴〇謙	篆書	石鼓文
大學組	周〇萱	楷書	王寵
大學組	林〇柔	行書	趙孟頫
大學組	吳〇瑄	楷書	瘦金體
大學組	許〇慈	行書	二王

（撰文者：張致苾整理）

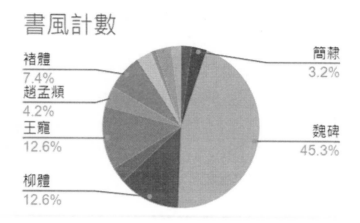

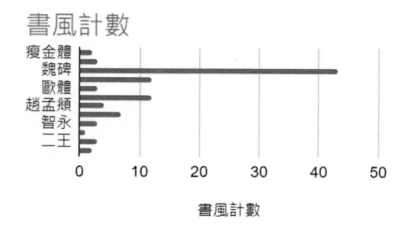

分析：由上述參展作品，無論是教師組、親子組、成人組、國小、國中、高中及大學各組的表現，以楷書表現最多，其次行書，再次為古文字楚簡隸書、篆書金文等。楷書中，魏碑所占比例最高 45.3%，九十五件作品就有 43 件事以魏碑書寫；其次是唐楷柳體占有 12 件、明朝王寵楷書也有 12 件，帶著行書筆意的唐楷褚體則有 7 件。以上現象，與沈耿香的書學經驗息息相關，意即沈老師將其個人擅長的書體——北魏墓誌、王寵楷書與學習心得轉換為課綱，透過「目標導向學習」有系統的傳遞給學員，因此學員的學習成效能夠如此出色！

　　「真味書屋」學習的成員能夠在三、五年的短暫過程中就有此佳績，除了施教者個人的書法技法外，其背後的教室管理、教育心理、人際溝通等，讓學員無論大小，都能一步一腳印，跟隨著老師的教學策略與指導原則，始能有如今之成果。而這些細節，已見於本篇的各個章節中有所探討！

總結

　　雲林縣知名的女性書法家,是中臺灣斗六市公誠國小的
前輔導主任沈耿香。十多年前退休後便投身地方書法教育之
推廣,經她指導的學員參加各項書法比賽,經常名列前茅。
沈耿香以自身的學書經驗為孩子開啟一扇窗,用筆性初判、
適性教學、多元選材、自編教材等方式指導學生寫字,學員
非但不以為苦,還能持續耕耘,必有她的教學策略,對於書
法教育貢獻良多。臺灣書法教育月刊的社長蔡明讚分析沈耿
香在書壇展露頭角的原因有四點,包括:她的書法創作展現
水準;她投注書法教育的努力成果耀眼;她參與書法推廣活
動中為人謙沖、大器受到肯定;她不自滿於目前的成就,而
矢志在個人的書法事業上創造高峰。[1]筆者經由本文的扒梳,
對沈耿香兒童書法教育的推動進行撰述,總結其貢獻大致有
以下:

　　一、沈耿香改變過去以「描紅」為入門的書法學習而翻
轉教學,以學生為本位、以性向為主體的適性教學,透過「筆
性初判」幫助學生選擇合適的法帖。教學秉持「一法為主,
多法相助」的理念,並以「教學有法,而無定法」為教學方
針,設計多元課程來充實教學內容;課堂上重視書法技能的
示範與實作,培養學生一門能夠帶著走的技能。這些實得力
於「真味書屋」根植「適性教學」所作的完美規劃。

---

[1] 蔡明讚,〈古趣新香　沈耿香「一甲子飄香」書法〉,《一甲子飄香—沈
　　耿香》沈耿香書法展專輯,2013年版,頁8。

　　二、透過教師的專業技能，縝密規劃課綱，進行具有中華文化底蘊的書法教學，大幅提升了臺灣農業大縣－雲林在地學童的文化素養。小朋友趁著從小學培養的一技之長，將來受惠無窮。而書法適性教學的「筆性初判」仿如音樂教室裡的分級檢定制度，讀譜、聽音、視奏、隨機視奏、登台表演等步驟，多元評量後才能晉級，在「真味書屋」書法教室落實，學習者經過努力，看得到自己的進步與成長，再藉由比賽機會，增益個人學習能量，這樣的教學方法既科學也藝術！

　　三、對於班級經營的理念與效益，沈耿香對外協助公私立單位推動藝術教育，對內師生互動、親子共學以切磋書藝，上下關係良好，氣氛和諧融洽。教材的選擇、編纂與設計，既根植於傳統的書論，教給學習者蹲馬步的紮實功夫；同時也能透過書法美學，提升學員們的鑑賞能力，讓書藝走向現代化創作。曾經有學者研究，以「工作」和「關係」兩個層面，將教師領導行為分為統合型（指高工作高關係）、奉獻型（高工作低關係）、關係型（低工作高關係）及獨立型（低工作低關係）四種，來探討其對班級氣氛的影響。[2]筆者從「真味書屋」課室觀察，沈耿香既有書法專業的高工作指導能力，又能建立暢通無阻的親子溝通，堪稱是一位「統合型」的全能教師。

　　四、在「真味書屋」學習的孩子們，透過沈耿香「適性教學」的不同歷程而能多重參與，隨著書齡增長與書藝加深，

2　吳明隆、陳明珠、方朝郁，《教育概論：教育理念與實務初探》，（臺北：五南圖書，2019 年版），頁 640。

學員從擔任小助教，再從小助教回歸學員的角色互換過程中，更增進彼此協同、相互提攜的學習能量，因此大幅提昇學員本身的書寫技能。其次，學習者在進到教室的短短兩個小時，可以隨時靜下心來心無旁騖、全神貫注地寫字、練字，安靜的場域不受干擾，有益於書藝的開展。而小朋友在此無聲的競合下，無不低頭自運，顯示超出他們該有的年齡而益加顯得穩重。再次，現場有大師的親炙，從旁指導，當下的臨場感只有你和老師，而老師只教你、成就你一人，孩子內心的喜悅與滿足，自然無法言喻。最後，小學員在得知參與比賽獲獎的那刻，驚喜與光榮交織，更是給自己最佳的禮物以及繼續努力的原動力。這一切都因為有父母的期許、親情的陪伴，更多的是有指導老師不斷地鼓勵之故。

中國有句俗諺：「一束蓓蕾，莫道是人家子弟；滿園桃李，須看做自己兒孫。」沈耿香秉持大愛以及儒家「幼吾幼以及人之幼」的精神作育英才，她認為任何一種教學法都無法十全十美，只有堅持「因材施教、適性教學、永不放棄」，把每一位學生帶上來獨當一面，才是王道。沈耿香期待呵護培育的每一顆書法種子將來都能發芽茁壯，然後薪火相傳、永不止息，這份書教推展的志業，著實令人敬佩！

參考文獻

一、古籍

漢・鄭玄註、唐・孔穎達疏,《禮記》,十三經注疏,臺北:
東昇出版事業公司。

魏・何晏註、宋・邢昺疏,《論語》,十三經注疏,臺北:東
昇出版事業公司。

東漢・許慎著、清・段玉裁註,《說文解字》,臺北:南嶽出
版社,1978 年。

二、期刊

中華弘道書學會,《中華弘道書學會刊》,2009 年,第二期。

中華弘道書學會,《中華弘道書學會刊》,2014 年,第一期。

三、字帖

《北魏墓誌銘》名家墨跡精選 4,臺南:大眾書局。

《智永楷書千字文》墨林精選 6,臺南:大眾書局。

《褚遂良雁塔聖教序》墨林精選,臺南:大眾書局。

《善本唐柳公權玄秘塔》,臺北:書藝出版社,1981 年。

《唐顏真卿書顏家廟碑》,北京:文物出版社,1995 年。

四、圖書

《中國美術史資料選編》,臺北:光美書局,1984 年。

李蕭錕，《中國書法之旅》，北京：中信出版集團，2018 年。

李醒塵，《西方美學史教程》，臺北：淑馨出版社，1996 年。

李詠吟，《教育大辭典》，上海，上海教育出版社，1990 年。

沃興華，《中國書法史》，上海，上海古籍出版社，2001 年 7
　　月。

林進材，《教學理論與方法》，臺北：五南書局，1999 年。

林進材，《有效教學－理論與策略》，臺北：五南書局，2005
　　年。

林生傳，《教學理論與方法》，臺北：五南書局，1990 年。

沈耿香，《王寵楷書研究與創作》，臺中：正大筆墨莊，2005
　　年。

沈耿香，《一甲子飄香－沈耿香》沈耿香書法展專輯，2013 年。

沈耿香，《北魏墓誌簡析與創作》，雲林：元祥印刷，2014 年。

沈耿香，〈【書法適性教學】實例——以國小楷書入門為例〉，
　　2018 年 12 月，韓師演講稿。

岳師倫，《八面風神－中國書法的意蘊》，北京：北京大學出
　　版社，2005 年。

吳清山，《教育概論》，臺北：五南出版社，2013 年。

吳明隆、陳明珠、方朝郁，《教育概論：教育理念與實務初探》，
　　臺北：五南圖書 公司，2019 年 4 月。

高尚仁，《書法心理學》，臺北：東大書局，1986 年。

張廣茂，《少年書法三百六十五天》，瀋陽：遼寧美術出版社，1999 年。

張淑娟，《圖解教育學》，臺北：城邦文化事業公司，2006 年。

張百軍，《中國書法經典 20 品》，合肥：安徽美術出版社，2010 年。

陳維德，《國民小學寫字教材》，臺北：康軒出版社，1994 年。

陳振濂編，《日本書法通鑑》，中國：河南美術出版社，1989 年。

崔爾平　江宏，《中國書畫全書》，上海：上海書畫出版社，2000 年。

黃政傑主編，《教材教法的問題與趨勢》，臺北：師大書苑，1998 年。

黃簡編輯，《歷代書法論文選》，華東師範大學古籍整理研究室，上海書畫出版社，1981 年。

熊秉明，《中國書法理論體系》，臺北：谷風出版社，1987 年。

虞君質編，《美術叢刊》第四卷，臺北：中華叢書委員會。

五、圖版來源

中國書法選 1，《甲骨文/金文》，日本：二玄社。

中國書法選 2，《石鼓文/泰山刻石》，日本：二玄社。

上海書畫出版社，《魏墓志精華》，2008 年。

許裕長編，《歷代名家書法珍品》，中州古籍出版社，2018 年。

張即之，《李伯嘉墓誌銘》，日本：二玄社。

宋徽宗，《瘦金體千字文》，南昌：江西美術出版社，2013 年。

宋徽宗，《穠芳依翠萼詩帖》，上海：世紀出版社，2018 年。

張百軍，《中國書法經典 20 品》，合肥：安徽美術出版社，
　　2010 年。

附錄一：「真味書屋」訪談記錄
(2019 年 8 月 21 日)

沈耿香老師部分——

Q1：您如何將書法教學理念導入課堂？有哪些輔導比賽的機制？採用甚麼教材？以及「親子共學」成效如何？在此一併提問。

A1：真味書屋的學生入門後，給予「永字八法」的筆法教學。在筆法 OK 之後才能臨帖。臨帖由淺而深、由易而難，要活用字帖。所以開始時是由六畫以內的字選取，六畫以內的字屬初階課程，對學童來說不容易受挫折。之後進入中階，即初階通過後，加入章法教學。我的方法是每週用一張宣紙看着寫，學習它的章法部局。中楷 OK 之後，再進入中高階，像淑芬老師就是。

　　中高階課程分單雙週課程，單週教字帖，雙週考對聯。我有一個金頭腦測驗，凡是教過的字要能吸收消化，將字形結構記在頭腦，測驗時從字帖第一首詩開始默寫，

完全不能看。以模擬比賽現場出題方式考試。另外的雙週課程背寫對聯，因為一開始就考 28 字七言絕句，太辛苦，所以從對聯 14 字開始，如此反覆練習，不斷加深、加多、加廣。

我都是用教育學觀點來指導學生。一時沒有寫好的字，我會重新教一遍。依照坊間的字帖，每次教六個字，並要求記錄在日課簿上，可以隨時查閱。也可以在他日後成為講師時用。因為我開始培育幾位大孩子的學生到校外進行教學實習，這個日課簿就會有用，這是一種傳承概念。

你別看這一班只有二十個學生，在兩個小時的課程中，就都忙得很。因為每次上課課程內容很密集，又有進度，又有測驗，還有實際操作要練。每次學員通過與否，我都列入記錄，像第一次考試 90 分，要達到兩次這樣的分數才可進階。這樣他的根基才會穩，字形結構才能掌握，不能隨便呼攏過去。像眼前這位小朋友，才小四，就拿過好多次特優，領了不少的獎學金，他平常每天要練兩小時，遇到暑假，更要練到四小時。週五練一節行書，週六換練一節楷書，遇到比賽之前，還送給他加強課。

班上有小老師輔導機制，小朋友都躍躍欲試，想要爭取榮譽。我規定小助教到教室，實習半小時，自己練習半小時，學習新課程半小時，課程豐富而緊湊。這樣子小朋友有事情讓他做，才不無聊。

　　這些指導的工作，我年輕的時候一個人就可以忙得過來，現在年紀大了，常常要交棒給學生了。所以課堂上一定要學生全神貫注，分秒必爭。寫字，對過動兒讓他靜下心來，特別有幫助，學習有成效。有些孩子還會主動要求來學書法，只要對孩子好，他喜歡學，我就慢慢栽培他。

　　有個小學一年級的新生，進來的第一堂課，我要告訴他文房四寶怎麼用，日後才會使用工具。我教的是雙鉤執筆，這樣拿筆比較容易掌握，線條也較穩定。如果一定要用單鉤法，我也不反對。現在美展的比賽現場，都不能看帖臨寫，必須由老師事前設計，現場默背。學生是可以訓練的，他必須消化後默測，寫出不同書家風格的字，所以「金頭腦」很重要。

　　在這裡的學生，有兄妹檔，母女檔，父子檔，姊妹檔等親子組。上課時我會把他們分開來坐，避免孩子依賴性太大。且無論成人或小朋友，我都進行筆性初判，給他最適合的書體。親子共學成立三年了，好處很多、效果非常好，親子因為筆性不同，寫的字也不同，在家儘管各練各的，不必教或指導孩子，只要看着媽媽一旁寫字，孩子心裡就有安全感，也就坐得住了。

　　另外，到了年底學期末，我會讓孩子們用篆書寫春聯，或畫出動物的生肖字，然後張貼在教室後面的公告欄，小朋友就會很有成就感。後來，這樣的活動就交給助教老師來帶。

　　今年我推選 20 名學生參加書法比賽，參賽的字體由他們自由選擇，然後為考生分配老師。這些老師實際就是比賽經驗豐富的學長姊們，來帶着著他們練習寫字。而我會模擬現場出題，要他們一個一個來寫，每位考生寫來的書體都不同，那是因為學長姊教出來的結果與薰陶。由於我很重視章法、佈局、體勢，要求一定精準，才能寫出「像」某家的「體」。如：歐楷、顏楷。所以，學生和老師都會很認真。

　　觀念很重要，那一年，我受縣政府指定為培訓出賽學生的團隊老師。我從筆法、字法、章法、墨法談臺灣區競賽風雲，對此進行了演講，來啟發這些代表隊學生，之後才正式進行指導。

　　眼前這位男同學今天考上臺師大美術系水墨組，是台中一中的高才生。該生寫的是王寵楷書，字帖為我編的教材。這本是當年我參加公教美展得獎的作品（莊子天下篇全文），然後再編輯整理成的字帖。王寵書法源出鍾繇、王羲之（黃庭經、樂毅論）、虞世南。融合各家，形成一體，獨具風格。王寵的字適合寫小字，不適合大字表現。這本字帖 是把原帖放大後的版本。

　　我的老師簡明山告訴我，耿香妳去學王寵，我拿了王寵莊子天下篇練習。當時我上班，又要教字，公私兩忙。只好每年僅選擇公教美展參賽。我在十年內拿到七個不同的獎項，在退休後，就決心不再參加比賽，專心從事書法創新教學。還有一年中國書協理事長蘇先生來訪，中華弘道書學會的張月華老師還特別交代我給對方

作一場教學示範。又受意我可以將這些指導的經驗整理出來，以便隨時可以發表。

我對學生的指導原則：兩個小時的課程，要求學生要有一張消化後的背臨作品，一張由我現場出題的作品。若能一看就知道學誰的字，這是入門階段。待學生筆法純熟後，才加入第二種書體。這是以「目標導向系統學習」方式，一步步給他加深加廣。也就是在「筆性初判」後的「入門字體」加上「進階字體」，例如，學生學習王寵楷書四年後，增加柳體，而如何轉換，你只要告訴他筆法特性、字形特徵、用筆力度，這三點就可以了。並不需要太多適應時間，他就能習慣上手。或者，把書體作一區分，例如魏碑司馬顯姿、張黑女的字為扁形，歐柳的字為長形，元顯儁墓誌為方形，張猛龍、趙之謙的字為斜勢字型，只要把字帖區分清楚，學生都能很快進入狀況。然後再以趙孟頫赤壁賦作為由楷入行的轉形字帖，隨著書齡和程度，我會一直加課程給他們，而他們也都做得到。

我的教材很多，坊間也都買得到。所謂教師用的是隨堂日課簿，提供學員記載老師上課的內容與進度，讓家長明白每次的範圍，如果學生某次沒來有落課，下次會重新指導或複習。來真味書屋學習的學生，多半是一個個推薦來的，他們常常是堂兄弟姐妹的親戚。學生都是家長接送，這些年的親子共學，家長也要經過鑑定，然後每週安排不同的課程和測驗。我從師專畢業直到考上主任，對教育學內容十分熟悉，尤其是教育心理學，這些都是我從事書法教學的利益和後盾。

家長受訪部分——

Q2：請問您的女兒在「真味書屋」學習書法的情況如何？

A2：我女兒現在已經可以執筆寫字了，剛開始進來時，比較
無法靜下心來，慢慢地可以靜下來後，便看到成效了。
老師都是親自教學，除了示範，還會告訴你這個字的結
構特性，該注意什麼，怎麼寫才會好看，如果寫不好，
沈老師很有耐心，會再說一次。如果小朋友參加比賽得
了名，老師都會送禮物給孩子們當獎勵。有時候就直接
送毛筆，老師給的毛筆都很好用。如果是跟她買，也都
很便宜。如果老師自己編輯的字帖，上課用到的教材，
我們就要買。日課簿上會註記這節課的作業那些字寫得
好，那些字要加強，等下次再留意。兩個鐘頭的臨摹時
間很快到了，小朋友就會到教室前面排隊，等待給老師
批改。

學員受訪部分──

Q3：恭喜你，聽說你考上臺灣師範大學的美術系水墨組，請
　　問你在這裡學習書法，對你的升學幫助多少？

A3：我想幫助是很多的。在教學上，沈老師會明確地告訴你
　　每個字怎麼寫。如果是年紀大一點的學員，她會說一個
　　字有很多寫法，你可以自己去拆卸組合看看，因此讓寫
　　字變得很好玩。

　　　　老師一堂課只教六個字，這六個字怎麼寫，都記載
　　在日課簿裡，我隨時可以查看以前教過的字。入門時，
　　我本來寫的是王寵字帖，對國高中的學員來說，則是以
　　智永為書法教學的字帖，老師的武林秘笈很多，值得我
　　繼續在這裡挖寶！

附錄二：沈耿香簡歷及榮譽

◎個人資料

姓名：沈耿香

別號：澄真

籍貫：臺灣省雲林縣

出生：1953 年 12 月

◎教　　育

大東國小

虎尾女中初中部

省立嘉義師專

國立嘉義大學

國立嘉義大學國民教育研究所結業

◎參與書會

中國書法學會	監事、常務監事
中華弘道書學會	理事、常務理事、副理事長
台灣心藝術推動學會	監事
臺灣女書法家學會	理事
雲林縣書法協會	常務監事
雲林縣書法學會	常務監事、常務理事、諮詢委員
雲林縣濁水溪書畫學會	理事、監事

慕陶書法學會　　　　　理事、監事

雲林縣青溪新文藝學會　監事

梅山文教基金會　　　　顧問

公誠國小校友會　　　　顧問

◎教學經歷

台西國小教師

重光國小教師、教導主任

公誠國小輔導主任

◎受　　聘

中華書畫印藝學會學術研究員

雲林縣議長盃國語文競賽寫字組評審

法務部春季藝文書法比賽評審

民間社團書法比賽評審

台灣區國語文競賽縣代表隊寫字組指導老師

嘉義大學特教兒童治療理論與實務研習會講師

嘉義縣書法治療與情緒調適研習會講師

一貫道雲林縣支會書法研習班講師

雲林縣元長鄉教育會書法研習講師

全國書法分級檢定評審委員

雲林縣文化藝術獎邀請作家

全國當代名家書法展邀請作家

雲林金篆獎全國書法比賽評審

雲林濁水溪杯全國書法比賽初賽評審

全國學生美展嘉義縣書法比賽評審

雲林杯全國書法比賽評審

臺灣區書法種子教師研習指導教授

雲林縣書法種子教師研習指導教授

雲林縣社區大學講師

廣東省韓山師範學院客座教授

廣東省普寧市、饒平縣書法骨幹教師研習指導教授

澄真藝術中心成人書法班義務指導老師

雲林縣保長國小課後才藝班書法指導老師

雲林縣鎮東國小弱勢生書法班義務指導老師

國立虎尾高中書法種子教師研習義務指導老師

雲林縣斗六國中美術班書法講師

雲林縣莿桐國中美術班書法講師

雲林縣石榴國中國文領域教師書法研習指導老師

雲林縣公誠國小志工媽媽書法班義務指導老師

雲林縣一心育幼院書法班義務指導老師

◎榮　　譽（以民國紀年）

第 43、50 屆全省美展書法類入選

民國 77 年雲林縣議長盃國語文競賽教師組書法第一名

民國 80 年全國書法比賽特優獎

民國 82 年第三屆國際書畫印藝美展特優獎。

民國 83 至 86 年蟬連台灣省公教美展書法類佳作 4 次

民國 90 年台灣省公教美展書法類第三名

民國 91 年榮獲「雲林之光」書法類得獎人

民國 91、92 年蟬連台灣省公教美展書法類優選 2 次

民國 93 年榮獲「雲林之光」書法類得獎人。

民國 94 年榮獲中原盃第八屆台灣區書法比賽優秀指導老師獎

民國 95 榮頒「雲林之光」社教有功惠風獎

民國 95 年榮獲第三屆耕讀盃全國學生書法比賽十大傑出指導老師獎

民國 97 年榮獲全國金母杯書法比賽指導老師「師鐸獎」

民國 98 年榮獲全國中原杯書法比賽優良指導老師獎

民國 98 年榮獲全國金母杯書法比賽指導老師「師鐸獎」

民國 99 年榮獲全國中原杯書法比賽優良指導老師獎

民國 99 年榮獲全國金母杯書法比賽指導老師「師鐸獎」

民國 100 年榮獲國小兒童書法及兩岸青少年交流活動優良指導教師

民國 100 年榮獲全國中原杯書法比賽優良指導老師獎

民國 101 年榮獲國立虎尾高中傑出校友

民國 101 年榮獲全國觀音杯書法比賽優良指導老師獎

民國 102 年榮獲全國中原杯書法比賽優良指導老師獎

民國 102 年榮獲若水獎全國書法比賽優良指導老師獎

民國 102 年榮獲艋舺杯全國書法比賽優良指導老師傳書獎

民國 102 年榮獲全國書法比賽優良指導老師獎

民國 103 年榮獲聖壽杯全國書法比賽優良指導老師獎

民國 103 年榮獲艋舺杯全國書法比賽優良指導老師傳書獎

民國 103 年榮獲全國中原杯書法比賽優良指導老師獎

民國 104 年榮獲艋舺杯全國書法比賽優良指導老師傳書獎

民國 104 年榮獲全國中原杯書法比賽優良指導老師獎

民國 105 年榮獲全國中原杯書法比賽優良指導老師獎

民國 106 年榮獲全國中原杯書法比賽書法教育貢獻獎

民國 107 年榮獲全國中原杯書法比賽優良指導老師獎

民國 108 年榮獲全國中原杯書法比賽優良指導老師獎

◎著　　作

民國 90 年《書法創意教學方案》

民國 94 年《王寵楷書研究與創作》

民國 94 年《圓方暢適沈耿香書法展專集》

民國 95 年《北魏墓誌簡析與創作》

民國 96 年《趙孟頫楷書集》

民國 97 年《趙孟頫行書集》

民國 97 年《趙之謙楷書集》

民國 98 年《心閑意適沈耿香書法展專集》

民國 98 年《宋徽宗楷書集》

民國 99 年《趙之謙篆書集》

民國 99 年《趙之謙行書集》

民國 102 年《「一甲子飄香」沈耿香書法展專集》

◎展　　覽

民國 89 年 8 月「鳳翔千禧書法展」—文化中心

民國 89 年 10 月「書法與篆刻聯展」邀請展—巧新公司

民國 90 年 2 月「新春書法展」邀請展—廣興教育農園

民國 94 年 2 月 1 日至 5 月 31 日「翰墨風情—沈耿香師生書法巡迴展」—斗南（文武聖廟感修堂）、北港（田園藝廊）、虎尾（虎尾高中）、斗六（臺大醫院雲林分院）

民國 94 年 8 月 19 日至 9 月 4 日「圓方暢適——沈耿香書法展」—雲縣文化局

民國 94 年 9 月 13 日至 9 月 31 日「圓方暢適——沈耿香書法展」邀請展—嘉義縣梅山文教基金會

民國 95 年 3 月 24 日至 3 月 25 日「虎中校友藝術聯展」—虎尾高中

民國 96 年 6 月 1 日至 7 月 1 日「夏之韻—心靈與藝術的對話」創作聯展—台南縣文化局

民國 97 年 1 月 13 日至 2 月 3 日「沈耿香師生書法展」—雲林縣文化局

民國 97 年 2 月 13 日至 3 月 16 日「沈耿香師生書法展」—雲林縣北港田園藝廊

民國 97 年 10 月 19 日至 10 月 21 日「陳其銓書學研討會」書法展—廣東省韓山師範學院

民國 97 年 10 月 23 日至 10 月 27 日「滬台兩岸書法交流展」—上海文史館

民國 98 年 7 月 19 日至 8 月 9 日「心閒意適——沈耿香書法展」—台南縣文化處

民國 98 年 9 月 11 日至 9 月 27 日「心閑意適——沈耿香
書法展」慈善義賣邀請特展—嘉義縣梅山文教基金會

民國 99 年 3 月 6 日至 3 月 12 日「心閑意適——沈耿香書
法展」邀請展—斗南鎮泰安宮

民國 99 年 5 月至 12 月「激情海西・美術攝影巡迴展」邀
請展—福建省詔安、漳州、泉州、廈門

民國 100 年 3 月 22 日至 4 月 23 日「50 週年校慶藝術家聯
展」—公誠國小

民國 100 年 6 月 9 日至 6 月 11 日「印尼—臺灣首屆書法
交流聯展」—印尼雅加達

民國 100 年 10 月 15 日至 10 月 17 日「辛亥革命一百周年
于右任書法真蹟暨國際書畫邀請展」—陝西歷史博物
館

民國 101 年 6 月 1 日至 6 月 5 日「弘揚中華傳統文化—兩
岸書法交流聯展」—北京市臺灣會館

民國 101 年 7 日至 8 月 10 日「雲林水鄉墨緣全國書法名
家邀請展」—金湖萬善爺廟

民國 101 年 9 月 20 日至 22 日「千島國際巾國書畫邀請大
展」—印尼雅加達

民國 102 年 7 月「靜賞—寫經展」—河南省洛陽白馬寺

民國 102 年 9 月 12 日至 10 月 1 日「首屆海峽兩岸女書法
家作品大展」—國立中正紀念堂

民國 102 年 10 月「首屆漳州書畫藝術節—海峽兩岸書畫
精品大展」—福建省漳州〈作品被龍佳山莊收藏〉

民國 102 年 12 月 14 日至 103 年 1 月 22 日「一甲子飄香
－沈耿香書法個展」－雲林縣文化處

民國 103 年 1 月 25 日至 103 年 2 月 25 日「一甲子飄香－
沈耿香書法個展」－雲林縣笨港田園藝廊

民國 103 年 3 月 13 日至 103 年 4 月 4 日「一甲子飄香－
沈耿香書法個展」邀請展－高雄市明宗書法藝術館

民國 103 年 4 月 6 日至 103 年 4 月 30 日「一甲子飄香－
沈耿香書法個展」邀請展－嘉義縣梅山文教基金會

民國 103 年 2 月 3 日至 2 月 28 日「首屆海峽兩岸女書法
家作品大展」－台南市生活美學館

民國 103 年 12 月 4 日「首屆海峽兩岸女書法家作品聯展」
－北京

民國 104 年 2 月「華嚴寺書法邀請展」－南投華嚴寺

民國 104 年 4 月 30 日至 5 月 12 日「2015 優游－亞太女書
法家作品大展」－國立中正紀念堂

民國 104 年 7 月 12 日至 7 月 24 日「2015 優游－亞太女書
法家作品大展」－台南市生活美學

民國 104 年 8 月 17 日至 8 月 22 日「2015 乞巧情女兒夢國
際婦女書法展」－北京

民國 104 年 8 月《愛中華、愛和平——海峽兩岸書畫邀請
展》－甘肅

民國 105 年 6 月 1 日至 6 月 13 日「黑台書法交流暨兩岸
同根翰墨傳情聯展」－黑龍江省美術館

民國 105 年 6 月 23 日至 6 月 27 日「亞太女書法家作品大
展」－浙江省寧波美術館

民國 105 年 8 月 20 日至 9 月 11 日「陳其銓教授百歲紀念
展暨弘道海內外薪傳展」—臺中市港區藝術中心

民國 105 年 12 月 9 日至 12 月 18 日「溯流徂源—臺靜農、
啟功、王靜芝、陳其銓四老書畫遺墨暨陳其銓遺墨及
薪傳展」—廣東省廣州美術學院

民國 106 年 2 月 24 日至 3 月 26 日「臺灣國際書法大展」
—臺中市屯區藝文中心

民國 106 年 7 月 7 日至 8 月 3 日「2017 台北母娘文化季松
山慈惠堂國際藝術書畫聯展」—臺北松山慈惠堂

民國 106 年 7 月「靜賞—寫經展」—河南省洛陽白馬寺

民國 106 年 8 月 23 日至 9 月 20 日「106 年花蓮縣書法學
會會員暨書法名家聯展」—花蓮縣文化局美術館

民國 106 年 9 月「2017 中華情‧中國夢—兩岸美術書法交
流展」—廈門

民國 107 年 8 月 28 日至 9 月 3 日「2018 國際書法展」—
新加坡

民國 107 年 10 月 15 日至 10 月 19 日「2018 海峽兩岸書畫
交流展暨論壇」—上海

民國 107 年 12 月 23 日至 108 年 1 月 11 日「2018-2019 弘
道傳薪戊戌七人展」—廣州

民國 107 年 12 月 29 日至 108 年 1 月 6 日「2018-2019『弘
道傳薪』紀念陳其銓書道館成立 15 周年書法展暨書
法教育交流研討會」—廣東潮州韓山師院

◎公益活動

民國 76 年起迄今參與雲林縣文藝季地方美展推展美術教育

民國 89 年捐贈兩幅作品提供國立雲林科技大學藝術中心永久典藏

民國 89 年參與國立雲林科技大學十週年校慶藝術家聯展

民國 90 年起參與雲林縣濁水溪書畫學會作品聯展

民國 92 年參與他里霧美展暨現場揮毫活動

民國 92 年參與雲林縣政府「書法篆刻展」暨現場揮毫活動

民國 93 年參贊雲林縣政府、濁水溪書會「甲申猴頌賀春釐」揮毫春聯系列藝文活動

民國 93 年參與國立虎尾高級中學圖書館藝術中心開幕聯展

民國 93 年參與「書法治療」研究輔導低成就和智障生榮獲聯合報報導

民國 93 年參與第一屆全國雲林金篆獎系列藝文活動

民國 93 年參與林清江學術研討會翰墨揮毫活動

民國 93 年起參與公誠、雲林國小書法校隊愛心志工推動書法教育

民國 94 年參與雲林縣文化局「乙酉金雞同報喜」春聯現場揮毫活動

民國 94 年協助萬善祠管理委員會書寫楹聯

民國 94 年捐贈作品提供梅山文教基金會、雲林縣文化局、虎尾高中、台大醫院雲林分院典藏

民國 95 年參與 2006 斗六茂谷柑促銷活動現場揮毫春聯

民國 95 年參與國立虎尾高級中學「虎中校有藝術聯展」

民國 95 年參贊雲林縣政府雲林之光獎章聯合表揚大會現場揮毫

民國 95 年捐贈作品贊助彰化縣「拋開憂鬱迎向亮麗人生」義賣活動

民國 98 年捐贈作品贊助台南縣政府「八八水災」祈福義賣活動

民國 98 年捐贈作品贊助嘉義縣梅山文教基金會「八八水災」慈善義賣活動

民國 99 年捐贈作品兩幅提供雲林縣斗南鎮泰安宮典藏

民國 99 年捐贈作品提供福建省海西燕石畫院典藏

民國 99-107 年參贊雲林縣政府揮毫春聯系列藝文活動

民國 100 年公誠國小 50 週年校慶捐贈作品提供綠光藝廊典藏

民國 101 年捐贈作品六幅提供國立虎尾高中藝術中心典藏

民國 101 年參加「北京大學兩岸書法交流聯展」捐贈兩幅作品提供臺灣會館典藏

民國 102 年捐贈作品 2 幅提供逢甲大學圖書館典藏

民國 102 年捐贈作品 2 幅提供台南生活美學館典藏

民國 102-104 捐贈佛經作品提供河南省白馬寺典藏

民國 103 年捐贈作品贊助嘉義縣梅山文教基金會慈善義賣活動

民國 103 年捐贈作品 2 幅贊助斗六南聖宮碑林藝術典藏

民國 106 年捐贈作品 1 幅贊助臺北松山慈惠堂國際藝術書
　　畫聯展典藏

民國 106 年捐贈作品 1 幅贊助「2017 紐約大愛無疆慈善義
　　賣」書法展典藏

◎傳　　承

觀音杯中部六縣市書法比賽團體組第一名

國際書畫印藝美展榮獲團體傑出獎

雲林縣文化杯書法比賽團體組第二名

歷年指導學生個人參賽名列前茅不計其數

◎「真味書屋」2023 年學員得獎集錦

筆者根據「真味書屋」公告的學員參賽成績，無論是學員
或教師，就 2023 年獲獎成績亮麗，情況如下：

2023 年彰化縣書法學會第十屆富
偉盃全國書法篆刻比賽「真味書
屋」學員現場決賽成績

2023 年慈光山人文獎第十七屆全
國書法「真味書屋」學員成績

雲林縣 112 學年度國語文競賽區
賽寫字組「真味書屋」學員現場競
賽成績

112 年全國生活美學盃學生書法
比賽「真味書屋」學員現場決賽成
績

112 年第三十一屆兒童美術比賽
書法類「真味書屋」學員現場決賽
成績

中原盃第二十六屆全國書法比賽
「真味書屋」學員現場決賽成績

2023 第二十六屆金鴻獎全國書法
比賽「真味書屋」學員現場決賽成
績

2023 年第六屆渝臺盃青少年圍棋
書法比賽「真味書屋」林楨祐老師
獲大專組第三名

「真味書屋」賴怡亘老師榮獲中
原盃第二十六屆全國書法比賽指
導獎

「真味書屋」創辦人兼指導老師
沈耿香榮獲 2023 年「雲林之光」
社教有功表揚

「真味書屋」創辦人兼指導老師沈耿香榮獲 2023 年「雲林之光」社
教有功表揚

國家圖書館出版品預行編目資料

適性教學模式對兒童書法教育推廣之研究——以沈耿香
「真味書屋」為例／張致苾 著 ─初版─

臺中市：天空數位圖書 2023.09

面：17*23 公分

ISBN：978-626-7161-74-6（平裝）

1.CST：書法教學 2.CST：教學設計 3.CST：教學研
究 4.CST：中小學教育

523.37   112015969

書　　名：適性教學模式對兒童書法教育推廣之研究
　　　　　——以沈耿香「真味書屋」為例
發 行 人：蔡輝振
出 版 者：天空數位圖書有限公司
作　　者：張致苾
美工設計：設計組
版面編輯：採編組
出版日期：2023 年 9 月（初版）
銀行名稱：合作金庫銀行南台中分行
銀行帳戶：天空數位圖書有限公司
銀行帳號：006—1070717811498
郵政帳戶：天空數位圖書有限公司
劃撥帳號：22670142
定　　價：新台幣 540 元整
電子書發明專利第 Ⅰ 306564 號
※如有缺頁、破損等請寄回更換

服務項目：個人著作、學位論文、學報期刊等出版印刷及DVD製作
影片拍攝、網站建置與代管、系統資料庫設計、個人企業形象包裝與行銷
影音教學與技能檢定系統建置、多媒體設計、電子書製作及客製化等
TEL ：(04)22623893
FAX ：(04)22623863   MOB：0900602919
E-mail：familysky@familysky.com.tw
Https ://www.familysky.com.tw/
地　址：台中市南區忠明南路 787 號 30 樓國王大樓
No.787-30, Zhongming S. Rd., South District, Taichung City 402, Taiwan (R.O.C.)